I0088818

INVENTAIRE
Ye 20.714

MES

RÊVERIES

(Honni soit qui mal y pense)

PAR

H.-P. DUFRAISSE

Première Partie

NONTRON

L. THOMAS, LIBRAIRE-ÉDITEUR, RUE NOTRE-DAME

MDCCCLIV

MES RÊVERIES

TYPOGRAPHIE DE P. DESCHAMPS, GRAND'RUE, A NONTRON.

MES

RÊVERIES

(Honni soit qui mal y pense)

PAR

H.-P. DUFRAISSE

P. D.

NONTRON

L. THOMAS, LIBRAIRE-ÉDITEUR, RUE NOTRE-DAME

MDCCCLIV

A MON MANUSCRIT

Pars, pauvre manuscrit, vrai miroir de mon âme,
Où j'ai mis tout en vers, mes peines, mes plaisirs;
Je te livre à regret, l'amitié te réclame,
Je ne puis résister, tu sais, à ses désirs.
On te veut, mais je crains une telle entrevue;
Peut-être qu'on te croit gentil, coquet, pimpant,
Et qu'on va te trouver maussade, froid, rampant,
La parole trop dure et trop basse la vue.

Aux heures de loisir pour moi seul je te fis,
Et non pour du public supporter la critique;
Tu n'aurais jamais dû du foyer domestique
Quitter les vieux chenets... mais on veut, j'obéis.

Une femme alluma la flamme poétique
Dans mon cœur vierge encor, de ses charmes épris
Je rimais nuit et jour, négligeant le classique,
Le grec et le latin et la mathématique,
Ne rêvant que baisers, doux parler, tendres yeux,
Et me fouettant le sang pour une belle image,
Cette image d'amour, cette image qu'aux cieux
Mon âme Prométhée arrachait dans sa rage...
Sa rage, c'est le mot. Oh! que j'étais heureux!
Je l'avais embrassée et ne vivais que d'elle;
Avant de l'avoir eue elle m'appartenait!
Quel bonheur! quelle ivresse! à mon amour fidèle,
A ma persévérance, elle s'abandonnait...
Oh! comme je rimais, comme ils coulaient de source
Mes vers heureux alors, heureux pour moi du moins;
Nul obstacle fâcheux pour entraver leur course,
Mes craintes, mes plaisirs se passaient sans témoins,
Elle seule lisait, applaudissait ma muse :
Pour chaque mauvais vers elle avait une excuse,
Et pour tout vers heureux un baiser plein d'appas.
C'était là du bonheur, ou je n'y connais pas.
Oh! comme je chantais ses craintives alarmes,
Ses pudiques efforts, ses cris, même ses larmes,
Lorsque je la forçais d'être nue en mes bras!
Je rimais, je chantais, je me croyais poète :

L'amour, l'amour heureux m'avait tourné la tête.
Peut-être j'eus grand tort de t'avoir mis au jour,
Mon pauvre manuscrit : le coupable est l'amour.
Ah! ne m'en veuille pas, aux portes de la vie,
Si déjà l'espérance à jamais t'est ravie :
Je t'ai créé viable autant que je l'ai pu.
Si ton souffle est trop froid au brasier de la foule,
Où la postérité d'or et d'airain se coule,
Pour moi, tiède zéphir, il aura la vertu
Du moins de caresser le soir de ma vieillesse
Par les gais souvenirs de ma folle jeunesse.
Ainsi, console-toi de vivre inaperçu.

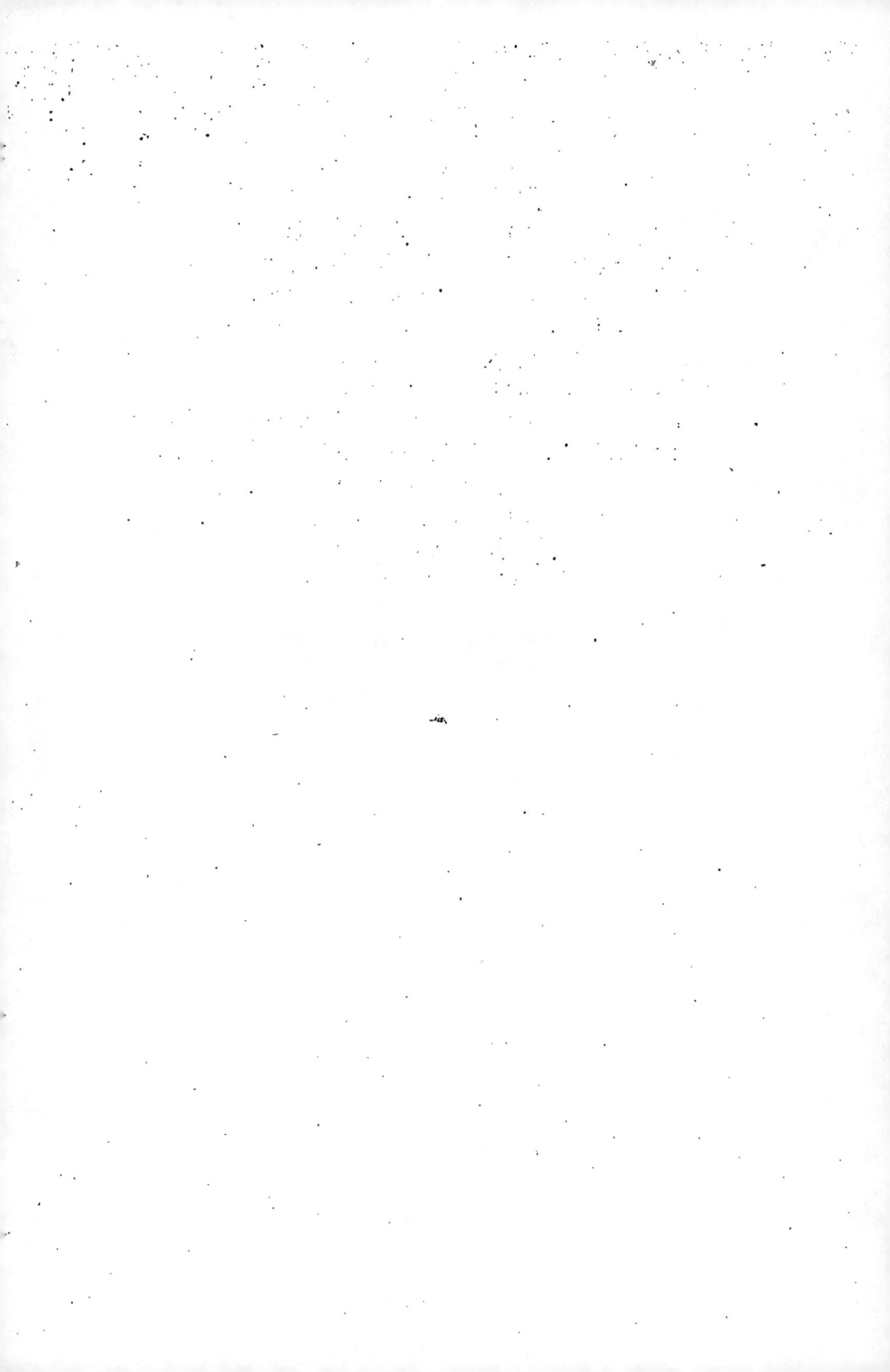

ZÉPHIRINE

..... Prima suis miserum me cepit ocellis,
Contactum nullis ante cupidinibus.

(PROPERCE.)

LIVRE PREMIER

1

LE PREMIER AMOUR

———

Daille, 1826.

Toi, qui n'es apparue à mes yeux enchantés
 Que comme un brillant météore,
Serais-tu par hasard l'une de ces beautés
 Que se crée un cœur vierge encore?

Je t'appelais longtemps dans mes vagues désirs;
 Je te voyais dans les nuages,
Lorsque je t'adressais mes vœux et mes soupirs,
 Sourire à mes jeunes hommages.

Jamais l'illusion de son prisme flatteur,
    Dans ses mensonges fantastiques,
Ne forma rien de beau comme toi pour mon cœur
    Bercé de rêves chimériques.

Lorsque dans le lointain j'entendais moduler
    L'air de suaves harmonies,
C'était toi sur ton luth qui venais m'appeler
    Aux secrets des puissants génies.

Un voile fond d'azur dessinait les contours
    De tes formes enchanteresses,
De tes longs cheveux noirs je voyais les Amours
    Nouer et dénouer les tresses.

Ange brillant d'amour, tu marchais devant moi
    De fleurs parsemant ma carrière;
Partout le jour, la nuit je ne voyais que toi :
    Toi seule étais ma lumière.

Dieux! je viens de te voir comme je te rêvais
    Au sein des plaines aériennes!
Tes traits sont aussi beaux mais ils sont plus parfaits,
    Ils n'ont rien des grâces humaines.

Dès l'instant que j'ai vu de si près tes beaux yeux
    Où se peignait la modestie,
Ta bouche au doux carmin, au souris gracieux,
    Je vis une nouvelle vie.

Cet air que je respire est plus doux et léger ;
    Comme un fluide inexprimable
Il circule en mes sens et les vient submerger
    D'un nectar, d'un baume ineffable.

A mes yeux dessillés l'univers est plus beau,
    Des bois plus belle est la parure,
Du soleil plus brillant l'éblouissant flambeau,
    De l'eau plus doux est le murmure.

C'est toi qui m'as donné, créé ce nouveau jour :
    Viens en savourer les prémices.
Toi seule désormais seras tout mon amour,
    Toi seule seras mes délices.

Avec toi je vais boire aux sources du bonheur,
    Si même ivresse te consume ;
Mais si tu ne sens pas comme moi cette ardeur,
    Elle ne sera qu'amertume.

Belle divinité, car quel nom te donner ?
    Tu n'es point fille de la terre,
En toi tout est divin, vas-tu m'abandonner
    Ou n'es-tu qu'une ombre éphémère ?

LE PRINTEMPS

———

Périgueux.

Aquilon fait place à Zéphire ;
Cupidon brillant et radieux
A la nature vient sourire,
Verse à flots du haut des cieux
Sur la nature qui sommeille
Des désirs la coupe vermeille.
La nature aussitôt frémit,
Elle vêt ses habits de fête,
De jacinthes se ceint la tête,
A son amant elle s'unit.

D'enivrants miasmes de flammes
Dans l'air se répandent alors,
Et, comme d'invisibles lames,
Pénètrent, fouillent tous les corps.
Le chant moelleux de Philomèle,
Qui gracieusement se mêle
Aux suaves parfums des airs,
Finit de compléter l'extase
Qui nous abîme, nous embrâse,
De plaisirs abreuve nos chairs.

Oh! de ces charmes sous l'empire
Qu'il est fortuné le mortel
Qui pour vous, madame, soupire,
Et lorsque Phœbé dans le ciel
Sur son char de rubis promène,
Inondant de feux argentés
Le bois, la montagne, la plaine,
Peut respirer à vos côtés.

L'ÉGAREMENT

Belle,
Rebelle,
Tant cruelle,
Si de ton cœur
Pour moi trop moqueur,
De mes forces vainqueur,
J'ai voulu suivre l'empire,
Faut-il, quand pour toi je soupire,
Que mon destin par toi s'aigrisse, empire,
En me narguant avec ces jeunes fats
Mollement étendus sur de soyeux sophas,
Qui, fredonnant des uts, des sols, des fas,
Vont à mes yeux, souriant de ma flamme,
Sans exciter le moindre blâme,
Par toi me déchirer l'âme,
Rire de mes malheurs
Et de mes douleurs?
Ah! qu'à mes pleurs
Dieu pardonne,
Te donne
Bonne.

Toi,

A moi

Dis pourquoi

Tu n'es pas tendre,

Ne veux pas entendre

Que si je veux prétendre

A ton amour, c'est que suis

Ivre, fou de toi, les ennuis

Me harcelant et les jours et les nuits

M'ont absorbé dans ta brûlante image.

Je ne rêve que toi, toi seule as mon hommage,

Ton penser seul de tout me dédommage,

En mes tourments seul il me parle et rit.

Loin de toi ton œil me sourit,

Vient raviver mon esprit.

Je rêve l'espérance!...

Mais, las! ta présence

Au loin relance

De t'avoir

L'espoir

Noir.

Larmes,
Alarmes
Ont des charmes
Pour mon amour.
Hélas! nuit et jour
A te faire la cour
Le malheureux se dorlotte
Et sous cette vaine marotte
Qui me poursuit, dans ma cervelle trotte,
Oui, malgré toi, jusques à mon trépas
Je veux te voir toujours, m'attacher à tes pas,
Boire des yeux, admirer tes appas.
Te révérer, adorer comme un ange,
Et je ne demande en échange
Que pour moi ton front se change
Non pas en amitié,
C'est trop de moitié,
Mais en pitié.
Que ta face
Me fasse
Grâce.

Bleus
Tes yeux
Sur les feux
Qui me dévorent,
D'ardeurs me colorent,
En désirs s'évaporent,
En volcan se vont changer,
Au lointain vont tout ravager
Si tu ne veux un peu me soulager.
Épargne-moi! Que ta coquetterie
Pour tes adorateurs sous mes yeux en furie
Impose un frein à ta galanterie.
Épargne-moi ce chaud, brûlant regard
Que tu prodigues au hasard
A chacun, même au vieillard.
Moi seul dans ma misère,
Oui, je me macère.
Sous ta colère
Faut-il donc?...
Pardon!
Non.

Joie,
Mon foie
Est la proie
De ce vautour
Qu'on appelle amour,
Adieu, pars sans retour.
Ah! pour cette femme altière
Je dois pleurer ma vie entière.
Elle le veut. Jusques au cimetière,
Où tout s'éteint, j'y vais aller bientôt,
Mes membres fatigués porteront leur impôt.
Il le faut bien toujours, soit tard, soit tôt.
J'aurai vécu sans goûter l'ambroisie
Que verse une lèvre choisie
A ma chaude frénésie.
La cause de ma mort,
Qu'un affreux remord
Du feu qui mord,
Sous son aile
N'appelle
Qu'elle.

Non !
Pardon !
L'abandon
De ma folie
Pour toi tant jolie,
Dans ma mélancolie,
Fait divaguer mon esprit,
Me pousse au mal, me tord, m'aigrit,
Pour le blasphême égaré me sourit.
Pardonne-moi si ma rage insensée,
Belle, dans son délire infâme t'a blessée.
Ah ! loin de moi cette affreuse pensée !
De ton mépris accablé sous le faix
Je ne sais plus ce que je fais,
Mes actes sont tous méfaits.
Ma raison déblatère,
Pauvre elle s'altère
Sur cette terre.
Change en miel
Mon fiel,
Ciel.

ELLE M'AIME

Du ciel ô puissance infinie,
Puisque tu m'as fait don d'un cœur
Dès longtemps nourri de douleur,
Anime-le d'une autre vie...
Il succombe sous le bonheur.

Plaisirs, félicité suprême,
Que vos traits sont doux, mais poignants!
Leur poison égare mes sens.
Je n'y puis tenir... elle m'aime!

BOUQUET

—

Je désirais en poète
Cueillir au Pinde la fleur
Qu'à t'offrir mon cœur s'apprête.
Si d'un souffle inspirateur
Le maître de l'harmonie
Eût effleuré mon génie,
O l'amante de mon cœur,
J'aurais osé sur ma lyre,

Modulant un rhythme inconnu,
Chanter de ton sourire
Le magique pouvoir sur mon cœur abattu.
Cette teinte mélancolique,
Qui quelquefois ombre tes traits
Et rend ta figure angélique,
Eût orné mes vers inspirés.
Mais je n'ai point cet art des enfants du Permesse,
Qui pour chanter leur maîtresse
Nous la dépeignent toujours
Sous les appas des Grâces et de Flore
Ou de la mère des Amours
Ou sous les frais bouquets de la vermeille Aurore.
Comme eux je ne sais point rimer :
Je ne sais que t'aimer.

LE PREMIER BAISER

———

Daïlle.

Qu'as-tu fait? qu'as-tu fait? ô toi ma bien-aimée?
　　Pourquoi m'accorder un baiser?
C'est un poison mortel qu'à ta bouche enflammée
　　Ma bouche en feu vient de puiser.

Dans mon sang agité, dans mon corps il circule,
　　Il le parcourt en fier vainqueur.
J'en suis tout hâletant; il me ronge, il me brûle,
　　Il torture mon faible cœur.

2

Ah! grands Dieux! qu'as-tu fait, imprudente ou cruelle?
    En connaissais-tu les tourments?
Tu voulais me payer de mon amour fidèle,
    Et le feu s'acharne à mes sens.

Un baiser, ce bonheur paraissait indicible!
    Maintenant garde ses faveurs,
Elles sont un supplice à mon cœur trop horrible;
    Elles sont âcres ses saveurs.

Je ne puis modérer l'ardeur qui me dévore,
    Un baiser me rend furieux,
Égare ma raison, si j'en prenais encore,
    Eh! que serait-ce donc, bons Dieux?

Oui! garde tes baisers perçants jusqu'à la moelle,
    C'est du vitriol pour mon corps,
De ta chaste pudeur je briserais le voile,
    Tout céderait à mes transports.

Je ne me connais plus, je suis fou, je suis ivre,
    Je ne sais où porter mes pas.
Dans l'état où je suis je ne saurais plus vivre,
    Il faut que j'expire en tes bras.

Oui! j'ai soif des baisers de ta lèvre enivrante!
    Viens me désaltérer un peu,
Toi, qui viens d'allumer une soif délirante
    Dans toutes mes fibres en feu.

·LES DEUX ROSES

Périgueux.

Pour te fêter je n'ai que ces deux roses.
De mes tourments elles peignent les causes ;
    L'une est du plus vif incarnat,
    De mon amour elle est l'emblême,
    Et l'autre au blanc et pâle éclat
    Imite mon teint terne et blême.
    Toutes deux disent tes rigueurs
    Et mon amour et ses malheurs.

À MA LYRE

Les temps ne sont plus, ô ma lyre,
Où sur tes cordes chaque jour
Mes doigts en ivresse, en délire,
Modulaient un hymne d'amour.

Pareil à la feuille légère
Qu'enlève un souffle du zéphir,
Ce bonheur n'était qu'éphémère,
Il n'a laissé qu'un souvenir.

De ce myrte qui t'environne
Dépouille les riants attraits,
Ou du moins mets à sa couronne
Un pâle rameau de cyprès.

D'un sombre voile de tristesse
Que tout se revête à mes yeux,
Ne résonne plus d'allégresse,
ELLE n'embellit plus ces lieux.

O lyre, reste suspendue
Au tronc de ce saule-pleureur,
Jusqu'à ce qu'ELLE soit rendue
Aux désirs brûlants de mon cœur.

L'ESPOIR

Ma Zéphirine,
De te revoir
J'ai donc l'espoir !
Ta taille fine,
Tes yeux si bleus,
Miroirs des cieux,

Ta bouche rose
Comme une fleur
A peine éclose,
De sa saveur
Baignant mon cœur,
Ta chevelure
Aux longs contours,
Que les Amours
Pour ta parure
Semblent friser
D'un chaud baiser,
Oui ! tout ton être
Enfin est maître
Le jour, la nuit,
De ma personne.
Chez toi, si bonne,
Tout me séduit.
Je m'abandonne
Dans le sommeil,
Dans le réveil
A voir tes grâces,
Suivre tes traces,
A ne rêver
Que de tes charmes,
A ne trouver
Plaisir ou larmes
Oui ! que dans toi.
Pardonne-moi.
Dans ma misère,
Toi seule est tout.

Je vois partout
Ton ombre chère.
D'un ciel jaloux
L'âme brisée,
Ton nom si doux
Que la rosée
Harmonieux
A mon oreille
Tinte, réveille
L'espoir joyeux.
C'est toi sans cesse,
Belle maîtresse,
Qui me souris.
Mes sens épris
Qu'à toi ne pensent,
Ne se dispensent
De t'adorer,
Te révérer
Comme un Génie
Bon, enchanteur
Qui de ma vie
Fait le bonheur.

Est-il possible?
Tu me reviens.
Joie indicible!
O bonheur, viens
Charmer mon âme
Et que ta flamme
M'abreuve entier.

Ma Zéphirine
Veut relier
A ma poitrine
Mon souffle éteint,
Qui vague craint
Que l'inhumaine
Une semaine
Puisse oublier
Dans son absence
Et ma constance
Et le brasier
Qui me consume
Et se rallume
Au moindre espoir
De la revoir.

A ZÉPHIRE

Zéphire, amant léger de Flore,
Toi, dont le souffle parfumé
Donne à la fleur qui vient d'éclore
Son éclat suave, embaumé,
Toi, dont l'aile prompte et légère
En un instant parcourt la terre,
Vois-tu sous le globe des cieux
Rien d'aussi beau que mon amie,

Soit qu'aux champs de Circassie
Tu t'arrêtes pour deux beaux yeux,
Soit que tu caresses les roses
Qui croissent aux bosquets d'Eden,
Soit qu'un instant tu te reposes
Sur les lèvres fraîches, mi-closes
Des belles vierges d'Yemen,
Qui sous leurs tuniques légères
Ont l'air des nymphes bocagères
Que l'on adorait autrefois,
Zéphire as-tu vu quelquefois
Rien d'aussi beau que ma maîtresse?
Son pied dont la délicatesse
Ferait même envie à Cypris,
Et que le dieu d'amour admire,
Combien de fois t'ai-je surpris
A le caresser, lui sourire?
Et ses doigts de roses pétris,
Qui ne dirait que les trois Grâces
Les firent pour capter les Ris,
Les Amours qu'on voit sur ses traces?
Ce sein, que mon œil ne peut voir,
Mais dont la beauté se devine
Par le voile de mousseline
Que son cœur ému fait mouvoir,
Pomone a-t-elle en sa corbeille
De pêche plus ferme et vermeille?
Par ses pulsations il appelle l'amour,
Il obéit à la nature.....
Mais dans la noire chevelure,

Qui de son cou d'albâtre ombrage le contour,
Hélas! jeune imprudent, tu souffles, tu badines,
Tu te plais à baiser ces lèvres purpurines,
      Crains d'y perdre ta liberté :
On y trouve la mort ou la captivité.

      Avec ces longs cheveux d'ébène
      Je voulais aussi m'amuser,
      Ils m'ont pris : c'était une chaîne
      Et je ne puis plus la briser.
      Sur sa bouche au lieu d'un baiser
J'ai pompé du poison, il court de veine en veine,
      Elle seule peut l'apaiser,
    Et la cruelle, elle rit de ma peine!
      Ah! Zéphire, échappe à ses bras,
      Bien qu'on y goûte de doux charmes,
      Ils te coûteraient bien des larmes :
      De Circé ce sont les appas.

ÉPITRE

———

De la belle Julie
Et du tendre Saint-Preux,
Ma séduisante amie,
Vous avez lu les feux,
Et cependant votre âme
N'a point senti la flamme
Qu'on appelle désirs,
Précurseurs des plaisirs.

Sans doute c'est pour rire
Que vous me l'avez dit,
Car votre doux sourire
Bien plus franc vous dédit.
Aussi sans vous déplaire,
Moi qui vois tout en bien,
Vraiment je n'en crois rien.
Il vaudrait mieux se taire
Que de vouloir montrer
Que l'on est insensible
A ce charme invincible
Qui sait tout pénétrer.
Lorsque l'on est sensible
On ne doit pas rougir
De paraître accessible
Au plus charmant plaisir
Que la nature donne
Pour compenser les maux,
Les douleurs, les fléaux
Dont tout nous environne.
Que seraient les humains
De l'amour sans les charmes?
Qui tarirait leurs larmes
Si ce n'étaient ses mains?
Pour les hommes la terre
Est un val de misère,
Tous s'empressent aussi
A charmer le souci
Qu'ils ont eu pour partage
Dans le vaste héritage

De nos premiers parents.
Voyez, les conquérants
Ne songent qu'à la guerre,
Crésus ne se plaît guère
Qu'à grossir son trésor,
Mais plus il en entasse,
Plus il en veut encor,
Et toujours il amasse.
Plus heureux que ces fous
Le buveur est en joie
Et son souci se noie
Du vin dans les glous-glous,
Il ne pense qu'à boire.
L'enfant de l'Hellicon
N'aspire qu'à la gloire
D'aller au saint vallon
Du très-docte Apollon.
Mais lorsque quelque femme
Au souris gracieux,
Doux parler, tendres yeux
Vient, elle les enflamme.
Alors tous leurs désirs
Se changent en soupirs,
Ils ne rêvent plus qu'elle ;
Heureux si cette belle
Leur verse les pavots
Qui croissent à Paphos.
Ah! belle Zéphirine,
Tout reconnaît les lois
Du Dieu qui me domine

Quand j'ose quelquefois
Aux accords de ma lyre
Chanter votre sourire,
Vos regards, votre voix
Et ces lèvres de rose
Où l'amour maintefois
En songe me repose.
L'amour à l'univers,
Aux manants, aux monarques,
A tous donne des fers.
Nous portons tous les marques
De son vaste pouvoir.
La tendre et la cruelle
Et la laide et la belle
Ce matin ou ce soir
Subiront la puissance
De sa douce influence.

Mais trop heureux les cœurs
Qui de la sympathie
Éprouvent les douceurs :
Ils aiment pour la vie.
Les plaisirs, les douleurs,
Espérances et craintes,
Entr'eux tout est commun :
Ces deux cœurs ne font qu'un.
Ils portent les empreintes
Du véritable amour,
Qu'on cherche sur la terre
Et qu'on n'y trouve guère.

Il fixe son séjour
Loin du regard vulgaire.

C'est ce doux sentiment,
Excusez un amant,
Que dans mon âme émue
Fit naître votre vue
Dès le premier abord.
Je n'ai point fait d'effort
Pour guérir ma blessure,
Vous n'aviez pas reçu
Mes vœux comme une injure;
Du moins je l'avais cru;
Et dans vous ma tendresse,
Secondant mon désir,
Avait cru découvrir
Cette belle maîtresse
Que cherchent mes soupirs
Pour savourer l'ivresse
Du plus doux des plaisirs.

Je crus dans mon délire,
Il faut me pardonner,
Que vous saviez aimer.
Vos yeux, votre sourire
Et votre bouche aussi
Me le disaient ainsi.
Mais est-ce tout de dire :
Je ne sais que t'aimer!
Il faudrait le prouver.

Viens donc, ma bien-aimée,
Viens t'unir à mon corps,
Cède à mes doux transports.
Sur ta bouche enflammée
Je boirai le bonheur,
Et ta lèvre charmée
Connaîtras cette ardeur,
Cette enivrante extase
De la félicité.
Viens donc que je t'embrase
De cette volupté,
Charme de la jeunesse,
Regret de la vieillesse.

SON SOURIRE

———

O toi, qui captives mon cœur,
Sais-tu ce que vaut ton sourire?
Pareil au souffle de Zéphire,
Qui ranime la jeune fleur
Sur sa faible tige abattue
Sous les feux du midi brûlant,
Il porte dans mon âme émue
Du plaisir l'espoir consolant.

Quand sur ta lèvre purpurine,
O mon amour, ô Zéphirine,
Erre un sourire séducteur,
Mon cœur et tressaille et palpite
Et des soucis la sombre horreur,
Qui toujours loin de toi m'agite,
Fuit et me laisse au seul bonheur.

C'EST UNE INGRATE

—

Oui! c'en est fait, ô Zéphirine,
Enfin mes yeux sont dessillés!
Chez vous plus l'empreinte divine
Qu'y voyaient mes sens aveuglés.
Vous vous complaisiez à mes larmes,
Vous vous jouiez de mes tourments,
Le plus aveugle des amants,
Moi j'adorais toujours vos charmes.

Mais enfin mon cœur est guéri;
Je connais votre âme inhumaine;
Pour avoir trop serré la chaîne
Le prestige est évanoui.

Contre vos perfides amorces
Je saurais bien trouver des forces,
Si vous vouliez encor parfois
M'enchaîner sous vos fières lois.

C'était donc par coquetterie
Que vous juriez à mon ardeur :
Pour toujours je suis ton amie,
T'aimer est pour moi le bonheur !
Oui ! telles étaient vos promesses.
Mon cœur trop simple en ses faiblesses
Se reposait sur vos serments.
Ah ! que Dieu venge mes tourments.

Ces yeux, qu'on dit miroirs de l'âme,
Qu'ils sont fourbes, qu'ils sont menteurs.
Eux ils alimentaient ma flamme,
Vous vous m'accabliez de rigueurs.

Que vous ai-je fait, ô cruelle,
De désespoir pour m'abîmer?
Est-ce un crime de vous aimer?
Pourquoi donc êtes-vous si belle?

Ah ! je vous connais maintenant,

A vos yeux ce n'est pas un crime,
Votre amour-propre en est content,
Vous jouissez quand la victime
A vos pieds se plaint et gémit.
Pareille à ce sauvage esprit
Qui préside aux maux, aux alarmes,
Vous ne vous plaisez qu'en mes larmes.

C'en est fait, mon cœur est guéri,
Je connais votre âme inhumaine;
Pour avoir trop serré la chaîne
Le prestige est évanoui.

Une flamme comme la mienne
Ne s'éteint pas en un clin-d'œil,
Pourvu que rien ne l'entretienne
Elle s'éteindra... par orgueil.

A ZÉPHIRINE

———

Mon amie à genoux, elle verse des larmes!
Barbare! Ai-je bien pu lui causer des alarmes?
Ah! s'il fallait mon sang pour effacer les pleurs
Et l'affreux souvenir de tes vives douleurs,
Je le répandrais tout, oui tout, ma Zéphirine.
D'avoir pu te déplaire en mon humeur chagrine,
D'avoir pu t'outrager, que je maudis mon sort!
Ah! ne t'afflige plus, moi seul j'ai tout le tort.

Tu demandes pardon, et c'est moi qui t'offense!
Tu devrais me bannir plutôt de ta présence,
Tu devrais me chasser plutôt de ta maison
Comme un vil insensé qui n'a plus de raison,
Et qui ne répond plus des transports de sa rage.
Tu daignes m'implorer, et c'est moi qui t'outrage!
Cesse, cesse tes pleurs!... Ils me font trop de mal,
Ils me font plus souffrir que ce baiser fatal...
Imprudent! qu'ai-je dit? Je rouvre mes blessures,
De serpens acharnés je ressens les morsures.

Dans un feu vif et lent tu me laisses périr!
Oui! ce sont tes rigueurs qui me font tant souffrir.
Toi, tu souffres aussi, ton âme se consume,
Tu pourrais en bonheur changer cette amertume,
Mais tu crains trop de sots et de vains préjugés,
Que l'homme vraiment sage a toujours bien jugés :
Dehors il les respecte et seul il les méprise;
Toujours il faut au peuple un frein qui le maîtrise,
Et de vains préjugés domptent ses passions.
Mais nous, le cœur rempli de ces émotions
Que l'on ressent encor dans le sein de Dieu même
Et qu'y grava sa main dans sa bonté suprême...
. . . .
. . . .
. . . .
. . . .

Mais tu crains, me dis-tu, de la Divinité
D'exciter le courroux, trop crédule beauté!
Jamais un vif amour à ses yeux n'est un crime.

Ne vient-il pas de lui ce feu qui nous anime?
Lui d'aussi doux transports peut seul nous enflammer.
S'il fit l'homme sensible il le fit pour aimer.

Quand Adam fut créé, Dieu plaignit son ouvrage,
Qui ne pouvait jouir, il l'avait fait sauvage.
Il était brut encor. Mais la femme parut,
Adam à son aspect tressaillit et s'émut :
Il aima. Tout dès-lors changea dans la nature,
La Sensibilité versa sa flamme pure
Sur la terre et les eaux, les arbres et les fleurs;
Tout des brûlants désirs ressentit les chaleurs.
Tout s'empresse à jouir de cette courte vie,
Tout aime, et nous serions les seuls, ô mon amie,
Qui n'oserions aimer pour complaire à des sots?
Ris-toi d'un monde fourbe et de ses vains propos;
Sois sûre que l'honneur, que l'honneur véritable,
Tel qu'il nous vient de Dieu, n'est pas si périssable.
Quoi! damnés nous serions par la Divinité
Pour avoir ici-bas de la félicité
A nos jours malheureux mêlé la douce ivresse?
Le croire est un blasphême, ô ma belle maîtresse.

SUR LA MORT D'UN LINOT

———

Sois plaintive, ô Vénus, et vous, pleurez, Amours!
Il est mort le linot de ma sensible amie,
Qui seul savait remplir le vide des longs jours
Et que son cœur aimant préférait à la vie.

    Qu'il était doux et caressant!
Il t'aimait comme un fils aime une tendre mère.
S'il sortait quelquefois de ton sein palpitant,
C'était pour rafraîchir de son aile légère
    Ton front où siége la pudeur,

Respirer le parfum de tes lèvres vermeilles,
Faire errer sur ta joue un souris séducteur
Ou de ses doux accords enchanter tes oreilles.
Si parfois une larme ombrageait tes beaux yeux,
Sur un mode plaintif en son gosier flexible
Il modulait les tons de la peine sensible,
Exprimait les tourments d'un être malheureux,
Paraissait partager tes soins, ô ma maîtresse,
Et, trompant les soucis de ta sombre tristesse,
Il dissipait bientôt tes pensers douloureux.

Mais hélas! il n'est plus! pleurons, ô mon amie!
Il était trop savant, trop aimant et trop doux,
Et toi tu l'aimais trop, ô maîtresse chérie,
Pour que les cieux n'en fussent pas jaloux.
Ils ont tout dévoré, gentillesse, ramage,
Les cruels n'ont laissé qu'un stérile plumage!...
Las! il en est ainsi des beautés d'ici-bas!
Plutôt que la laideur elles vont au trépas,
Et peut-être bientôt, toi belle entre les belles,
La mort te couvrira de ses fatales ailes,
Bientôt tu t'éteindras, météore léger,
Tu n'as plus qu'un instant, faisons trève à nos larmes.
Pour jouir de nos jours en savourer les charmes,
Viens, humons à longs traits la coupe du baiser.

A UNE ÉGLANTINE

———

Daille.

La plus heureuse des fleurs,
Trop fortunée Églantine,
Connais-tu bien les faveurs
De parer ma Zéphirine?

Que fais-tu sur ces appas,
Sous qui ta fraîcheur s'efface?
Que ne donnerais-je pas
Pour être une heure à ta place?

Oh! comme toi mes deux mains
N'y resteraient pas oisives ;
Qu'il naîtrait de vifs carmins
Sous leurs caresses actives.

Quelle moisson de plaisirs
Pour mes lèvres délirantes.
Point de borne à mes désirs
Que mes forces expirantes.

Mon impétueuse ardeur
Brûlerait ce cou d'albâtre
Et pourprerait sa blancheur
Sous un baiser idolâtre.

Je baiserais tour à tour
Ces petits boutons de roses,
Qui relèvent le contour
Du beau temple où tu reposes.

Et de ces seins bien fêtés,
Qui sait, mes transports peut-être
Iraient aux lieux enchantés
Où la volupté doit être.

Mais de ces biens inouïs
Elle en prive un cœur sensible,
Qui connaîtrait tout leur prix,
Pour une fleur impassible.

LA LANGUEUR

Pour ne point périr de chaleur
Aux jeunes fleurs il faut les larmes de l'Aurore,
A l'amante un baiser de celui qu'elle adore
Pour ne point mourir de langueur.

Oui ! ton corps, ô ma bien-aimée,
Est maintenant en proie à de brûlants désirs,
Tu désires et crains d'ineffables plaisirs
Qu'appelle ton âme enflammée.

Si tu ne les désirais pas
Ton visage aurait-il de douleur cette teinte,
Cet air vague et pensif, mélancolique empreinte,
Qui fane et flétrit tes appas?

Le dieu d'amour seul est la cause
Si tu fuis l'enjouement et les jeux et les ris,
Si la pâle violette et les jaunes soucis
De ton teint effacent la rose.

Quand le hasard m'offre à tes yeux
Le plus vif incarnat vient colorer ta joue,
Et la joie un instant y badine et s'y joue,
Ton front redevient radieux.

Mais bientôt comme une vaine ombre
Qui s'évapore en l'air, ton sourire s'éteint,
Et l'affreuse pâleur bientôt couvre ton teint
Sous un voile effrayant et sombre.

Et même tes grands yeux d'azur,
Où l'on voyait jadis, ô belle Zéphirine,
Les pensers de ton cœur, de ton âme divine,
N'ont plus leur éclat doux et pur.

Comme autrefois tu n'es plus gaie;
Tu voudrais fuir l'amour et partout tu le vois.
Tu recherches en vain le silence des bois,
Partout sa puissance t'effraie.

Non, ce n'est pas impunément
Que l'on veut éviter son charme irrésistible,
Il a dessus les cœurs un pouvoir invincible
Comme sur l'aiguille l'aimant.

Chaque être à ce dieu rend hommage;
Tout reconnaît les lois des transports amoureux,
Tout aime, et tu voudrais, résistant à ses feux,
Lui faire impunément outrage?

Viens, viens donc t'unir à mon corps,
Nos baisers éteindront la langueur dévorante
Dont la fureur s'acharne à ton âme mourante.
Du ciel viens goûter les transports.

Brave les préjugés du monde,
Puisqu'ils doivent ainsi te conduire au tombeau.
De la béatitude allumons le flambeau.
Voluptés, versez-nous votre onde.

ZÉPHIRINE

LIVRE SECOND

APRÈS

—

Daille.

Quelle langue pourrait m'offrir, ô mon amante,
    Des termes assez expressifs
    Pour peindre ces torrents si vifs
De plaisir, de bonheur, d'ivresse délirante?
    Où trouver des mots assez forts
    Pour te tracer tous ces transports,
    Ces délices et cette joie
    Où mon cœur trop faible se noie,
    Et dont les charmes si puissants
    De mon être affaissent les sens?

Non, il n'est pas de langue assez forte, expressive,
Pour te dire en un mot cette félicité,
    Cette béatitude active
    Qui m'inonde de volupté,
    D'un nectar suave, ineffable.
    Comme de Circé le poison
    Pour Ulysse si redoutable
Tes baisers enflammés sont un philtre agréable,
    Mais ils absorbent ma raison.

    O mon amie, ô Zéphirine,
Enfin je t'ai pressée en mes bras amoureux,
A loisir j'ai sucé ta lèvre purpurine,
J'ai couvert de baisers tes yeux bleus, langoureux,
    Tu m'as fait goûter l'ambroisie.
Tout mon corps vient de boire aux sources du baiser.
Sur ton sein haletant j'aurais perdu la vie,
Si de félicité l'on pouvait s'épuiser.

    Cruelle! osais-tu te défendre?
    Tu te débattais dans mes bras,
    Mais ton regard était si tendre
    Tout en disant : Je ne veux pas.

    Enfin ta vertu si farouche
    A poussé les derniers soupirs,
    Et ta lèvre en feu sur ma bouche
    Du ciel a pompé les plaisirs.

NE SUIS-JE PAS HEUREUX?

———

Fuyez, gloire, grandeur, richesse,
Que jadis j'ambitionnais!
Pour moi d'une belle maîtresse
L'amour me suffit désormais.
Le jour quand ce dieu me tourmente,
Dans les bras de ma jeune amante
La nuit je vais calmer mes feux.
    Ne suis-je pas heureux?

Jadis je rêvais la fortune,
Pour moi l'or était le bonheur ;
Ah ! maintenant il m'importune,
Plus riche je possède un cœur.
Je lui plais, il m'aime, il m'adore,
Que puis-je désirer encore ?
Que puis-je demander aux cieux ?
    Ne suis-je pas heureux ?

D'aller au Temple de Mémoire
Je n'ai plus l'orgueilleux désir ;
Pour conquérir un peu de gloire
Il me faudrait longtemps souffrir.
Sans soins je chante sur ma lyre,
Pour prix je n'obtiens qu'un sourire
Ou qu'un baiser voluptueux :
    Ne suis-je pas heureux ?

Animé d'une ardeur guerrière
J'aurais pu des forbans d'Alger
Versant le sang sur la poussière
A jamais m'immortaliser.
Devançant nos fières cohortes,
Du Dey j'aurais brisé les portes,
J'aurais... mais je suis amoureux :
    Ne suis-je pas heureux !

Les grandeurs ne sont plus qu'un rêve
Parfois bien doux, bien enchanteur,
Un caprice nous les enlève,

Elles ne font pas le bonheur.
De plaire à ma sensible amie
Voilà le souci de ma vie.
Elle accorde tout à mes vœux :
    Ne suis-je pas heureux ?

LE TRIOMPHE

———

Oui! sans obstacle amour est sans plaisir,
Vaincre l'obstacle amorce le désir.
L'amour facile émousse, éteint la flamme,
L'amour contraint aiguise, allume l'âme;
Plus dur l'obstacle et plus doux les ébats.
Périls, dangers et craintes et barrières
A Cupidon, comme aux humeurs guerrières,
Soufflent le feu, le lancent aux combats :

S'il sort vainqueur plus belle en est sa gloire,
Et plus de charme il trouve en sa victoire.

Avant la nuit, qui vient de s'écouler
Si promptement sous nos baisers avides,
J'étais novice, il faut bien l'avouer,
Aux voluptés, aux ivresses rapides
Pleines de feux, d'aiguillons, de transports,
De vrai bonheur, dont ta bouche brûlante,
Tes bras tremblants, ta gorge délirante,
Tes pieds émus, en un mot tout ton corps,
Mourant vingt fois, mais pour vingt fois renaître,
Ont imprégné tous mes sens, tout mon être.

Sur Périgueux la nuit versait à flots
Tous ses trésors, largesse de pavots,
Tout était calme, endormi sur la terre,
Moi je veillais et je rêvais de toi,
Quand un soupçon, belle, pardonne-moi,
Fait bouillonner le sang de mon artère,
Me fait bondir, courir en insensé;
Depuis huit jours je ne t'avais pas vue,
Depuis huit jours de toi n'était venue
Pas une lettre, et mon cœur oppressé
S'abandonnait libre à la jalousie.
Dénaturant à plaisir le passé,
Je ne voyais que de l'hypocrisie
Dans les serments dont tu m'as tant bercé,
Dans tes baisers, oui! dans tes baisers même.
On n'est jaloux ainsi que quand on aime.

C'est trop souffrir, c'est trop se marteler,
Je veux te voir, à tout prix te parler.

En vain l'éclair sillonne le nuage,
En vain la foudre éclate dans les bois,
En vain le vent amoncelle l'orage,
En vain grossit leur infernale voix,
En vain leurs bras terrassent sur les herbes
Les corps noueux des châtaigniers superbes,
En vain la grêle et la pluie à torrents
Font un ravin, un fleuve sur ma route,
Je brave tout, je veux fixer le doute :
Que mes douleurs, foudre et vent sont moins grands.

J'arrive enfin, je dépasse la grille,
Que chaque soir on ferme à double tour
Contre le vol et peut-être l'amour.
Je tourne et vois une clarté qui brille,
C'est dans ta chambre. Alors du vieux tilleul,
Dont les rameaux ombragent ta croisée,
Je t'aperçois. Sur ta bouche rosée
Est un souci, des pleurs sont dans ton œil.
Le coude gauche appuyé sur la table,
Ta main soutient large ouverte ton front,
Où tes cinq doigts d'un ongle crispé, prompt,
Semblent graver le souci qui t'accable.
Mais dans ta droite est un papier... Malheur !
Si d'un rival tu reçois les épîtres,
Si d'un rival... Cédant à ma fureur,
D'un saut rapide au travers de tes vitres,

Qui sous mon corps volent avec fracas;
Auprès de toi je m'élance, je tombe,
Produis sur toi les effets d'une bombe,
Et me relève et te presse en mes bras,
Et d'un baiser te bâillonne la bouche,
Et je me sauve aussitôt vers ta couche.
Bien m'en a pris : ta mère, ses valets
Arrivent tous en sursaut éveillés...
Sur le vent seul tu jettes tout le blâme,
Et ta maman, peu soupçonneuse femme,
T'embrasse au front, fait fermer les volets,
S'en va tranquille et te laisse à ma flamme.

Tous sont partis. Je suis à tes genoux.
De mon amour l'excès est mon excuse.
Ah! ne va pas déchaîner ton courroux,
Pardonne-moi, criminel je m'accuse.
Pardonne-moi, ne me repousse pas.
Viens sur mon cœur. Entrelaçons nos bras.
Permets que moi, qui causai tes alarmes,
Sous mes baisers j'étanche au moins tes larmes
Ne pleure plus et mettons à profit
Le peu d'instants qui nous restent encore.
Calme le feu qui me brûle, dévore.
Que ce baiser étouffe ton dépit...
A mes désirs, quoi! toujours inflexible!...
Eh bien! adieu! Sans doute qu'un rival
Était l'objet de ce papier fatal.
Écrivez-lui. Mon amour irascible
Ne viendra plus surprendre vos secrets.

Adieu, perfide!... Et je me retirais...
Tu cours à moi, la tête échevelée,
De tes deux bras tu m'entoures le corps;
Ma jalousie alors s'est envolée.
Pour m'arrêter ne fais pas tant d'efforts.
C'était pour moi, malheureux, cette lettre!
Tu m'écrivais, et pour toujours peut-être
J'allais te fuir!... Pardonne-moi mes torts;
Oublions-les, je t'aime, je t'adore,
Jamais mes yeux ne t'avaient vue encore
Aussi charmante, aussi belle en trésors.
De ton sein nu, de tes blanches épaules,
De tant d'attraits mes uniques idoles,
Je t'en conjure, ah! ne dérobe pas
A mes regards les magiques appas.
Nous sommes seuls, d'une pudeur bizarre
N'écoute point le langage barbare.
Nous nous aimons. De ce lin importun,
Dernier obstacle à l'ardeur qui m'embrase,
Qu'est-il besoin? Nos deux cœurs ne font qu'un,
Que nos deux corps plongés donc dans l'extase,
Entrelacés, par tous les points unis,
Par chaque pore échangeant une ivresse,
Sous nos baisers, ô ma belle maîtresse,
Pompent d'amour les sucs indéfinis.

Pour oreiller je t'offre ma poitrine.
Bien! Sur mon cou ta bouche purpurine,
Tout près du mien ton visage vermeil:
Repose-toi, moi je n'ai point sommeil,

A la clarté de ta veilleuse pâle
J'aime bien mieux admirer ton beau corps,
Tout à loisir palper tous ces trésors,
Tes souples reins, ta cuisse sans égale,
D'un doigt léger toucher ce velouté,
Même entrouvrir la fleur de volupté...

Sur un brasier j'ai déversé de l'huile.
En plein midi sur une large tuile,
Où darde à plat tout le feu du soleil,
Lorsqu'un serpent savoure un doux sommeil
Et qu'on l'éveille, en anneaux il se roule,
Se tord, s'allonge et fond sur l'ennemi
Qui n'a pas su le laisser endormi,
Et ne s'en va que sa vengeance soûle.
Semblable à lui tu frémis sous mes doigts,
Et tu te tords, et bondis et t'allonges,
Mords de tes dents l'organe de ma voix,
Serres mon flanc, me presses, te replonges
Dans un torrent d'amour, de voluptés
Et te rendors vengée à mes côtés.

Qu'en ton sommeil l'amour te berce encore,
Et moi je pars pour devancer l'aurore.

ZÉPHIRINE

———

Daille.

Depuis qu'aux transports d'amour
Mon cœur épris sacrifie,
A tous les instants du jour
Je vois partout mon amie.
Si dans le calme de la nuit
Un songe à la face divine
Parfois visite mon réduit,
C'est Zéphirine.

Perçant de légers brouillards
Lorsque l'aube matinale
Étale à peine aux regards
Sa blanche robe d'opale,
M'arrachant des bras du sommeil
Je cueille la fraîche églantine
Pour la donner à son réveil
    A Zéphirine.

Dans les bois silencieux,
Qu'aime mon âme rêveuse,
Les accents mélodieux
De la fauvette amoureuse
D'un oiseau ne sont plus la voix,
Mais d'un luth la corde argentine
Qui vibre et frémit sous les doigts
    De Zéphirine.

Lorsqu'en des vers enchanteurs
Catulle de son amante
Nous peint les yeux séducteurs
Et la démarche élégante,
Le cœur plein d'amoureux pensers,
Alors je rêve et m'imagine
Presser du poids de doux baisers
    Ma Zéphirine.

Dans le bosquet verdoyant
Si j'aperçois une rose
Au coloris attrayant,

Un vif baiser j'y dépose,
Non pas comme sur une fleur,
Mais sur la bouche purpurine
De celle qui fait mon bonheur,
De Zéphirine.

Peu fier des myrtes chéris
Qui composent ma couronne,
De quelques lauriers cueillis
En chantant Mars et Bellonne
J'essayai de me décorer,
Mais ma lyre fidèle et mutine
Ne put jamais que soupirer
Pour Zéphirine.

LES VOLUPTÉS

ou

L'AMOUR ET LE ROSSIGNOL

Daille.

L'épouse de Titon sortant du sein des eaux
Montrait son front brillant de pourpre et de lumière
Et dans le ciel humide éteignait les flambeaux
    Dont l'ombre de la nuit s'éclaire.
  Brûlant d'amour je vole au rendez-vous.
  En approchant du bosquet solitaire,

Saisi, tremblant, mon corps faiblit sur mes genoux,
Je ne puis respirer... de la grotte sauvage
J'entends crier : Philippe, où donc vous cachez-vous?
C'est elle, c'est sa voix. Je suis dans le bocage.
Vers la grotte ma belle a su me devancer.
Moi mon premier élan est de l'entrelacer
Et d'inonder son corps de ma brûlante ivresse,
Le sien est de me fuir à travers la forêt.
Je cours, je la poursuis, elle fuit ma caresse.
Quand je crois la tenir, par un détour secret
Elle échappe à mes bras et rit de ma vitesse.
Mais enfin je l'atteinds. De mes bras amoureux
J'entoure son beau corps de nœuds voluptueux.
Je te presse en mes bras, mon amour, mes délices,
Viens, honorons Cypris par de doux sacrifices.
Cruelle, qu'attends-tu? Je brûle, je languis!...
Ah! laisse-moi sucer cette rose naissante,
Respirer le parfum de ta bouche odorante.
Oh! Dieux! Secourez-moi, malheureux, je péris...
Je ne puis supporter le feu qui me dévore.
Méchante, prends pitié de celui qui t'implore.
Ne te souvient-il plus de ces moments heureux
Où nos corps confondus n'en paraissaient plus deux,
Où mes âcres baisers électrisaient ton âme?
Plus elle se débat, plus elle accroît ma flamme.
Elle m'écoute enfin. L'étreinte du baiser
Fait place au feint courroux et vient nous embraser.
Sans cesse variant mes molles attitudes,
L'un l'autre entrelacés, par tous les points unis,
      De suaves béatitudes

Circulent dans mes sens en extase ravis.
　　A ses épaules d'albâtre,
　　A son cou que j'idolâtre
　　Mes bras restent suspendus.
　　　Nos baisers se confondent,
　　　Nos deux âmes se répondent
　　　Par des murmures confus.
Sur son sein palpitant mes caresses ardentes
Des roses et des lys confondent les sillons ;
Tour à tour imprimés sur nos lèvres mordantes,
Mille et mille baisers croisent leurs aiguillons.

La paupière abattue, humide par l'ivresse,
Les sens anéantis à force de jouir,
　　Arrivé vers cette faiblesse,
　　Suprême degré du plaisir,
Je repose ma tête au sein de ma maîtresse.
Je ne goûtais qu'à peine un bienfaisant repos
Que la voluptueuse, avide aux doux travaux,
Me tire du sommeil par mille agaceries,
Dévoilant à mes yeux des appas inconnus,
Pour m'exciter encore aux combats de Vénus,
Et réveille en mes sens mes forces assoupies.

Habitants du bosquet, chantres harmonieux,
De combien d'abandons, de cris voluptueux
Nous vous fîmes témoins, ainsi que les Dryades,
Les Faunes étonnés, les jalouses Nayades,
Alors que le nectar, qui coule de l'amour,
Nous rendait furieux, recueillis tour à tour.

Toi, reine de ces bois, Philomèle sensible,
Tu ne peux contempler nos vifs épanchements,
Tu ne peux voir jouir deux fortunés amants
Sans chanter leur bonheur en ton gosier flexible.
Écoutons. Tout se tait, tout même les Zéphirs.
Ses rivaux ont cessé leur séduisant ramage
    Pour admirer l'Amphion du bocage
Et l'imiter ensuite en chantant leurs plaisirs.

Ses chants ne sont d'abord qu'un prélude timide.
On dirait à l'entendre un musicien chéri,
Étonné du concours d'une assemblée avide :
Il hésite en touchant l'instrument favori.
Mais bientôt ses accords reprenant leur souplesse,
Sortent filés plus doux, enflés avec mollesse.
Qu'ils sont harmonieux, pénétrants, enchanteurs !
Sons vrais soupirs d'amour, d'une volupté pure,
Partis du cœur ils font palpiter tous les cœurs.
Rien n'y peut résister dans toute la nature.
Toutes les passions qu'allume en nous Cypris
Sont peintes tour à tour par des accents de flamme,
Quand il chante l'extase il enivre notre âme,
Quand il peint les fureurs, les soupirs et les cris
Qu'un vorace baiser fait pousser à la femme,
Tous nos sens bouillonnants de désirs sont épris.
Ainsi d'un grand acteur le jeu fort et sublime
Remplit ses auditeurs de l'esprit qui l'anime.

Son chant n'est déjà plus et je l'écoute encor,
Je veux toujours ouïr l'harmonieux accord,

Et mon âme attentive à son dernier murmure
Croit l'entendre sortir de la caverne obscure
Où je viens de jouir du plus suave baiser
Dont jamais nul mortel n'ait goûté le délice.

Salut, ô Philomèle, ô douce cantatrice,
Dont la voix a fini de nous électriser.
Salut, chênes touffus, qui nous couvriez d'ombrage,
Salut enfin, vous tous, témoins de nos plaisirs.
Je dis, ma Zéphirine, en couvrant son visage,
S'éloigne en rougissant et pousse des soupirs.

TU NE M'AIMES PAS

Lorsque tu me dis : Je t'adore,
Tes yeux bleus sont bien langoureux,
Mais tu ne ressens pas les feux
Dont l'ardeur me brûle et dévore.
Ton cœur éprouve les combats
D'une émotion passagère
Quand je te presse dans mes bras.
     C'est une flamme éphémère.
     Non ! non ! tu ne m'aimes pas.

Tu semblais renaître à la vie
Hélas! au retour des beaux jours.
Je me flattais que nos amours
Avaient banni ta rêverie.
Mais que je me trompais, hélas!
Tu redeviens vague et pensive,
Quand je te presse dans mes bras;
  Et moi ma flamme est si vive.
  Non! non! tu ne m'aimes pas.

Si tu m'aimais, ô froide amante,
Dis, cruelle, cacherais-tu
A ton ami le mal aigu
Qui te poursuit, qui te tourmente?
La douleur fane tes appas.
Si je t'en demande la cause,
Tu t'arraches de mes bras
  Et tu me réponds : Je n'ose.
  Non! non! tu ne m'aimes pas.

POINT DE CONFIDENTS

———

Comme tu dis, s'il est vrai que tu m'aimes,
Dans mon seul sein épanche tes secrets.
Pour confidents ne prenons que nous-mêmes,
Pour être heureux sachons être discrets.
Oui ! méfie-toi même de ton amie,
Elle est sensible, elle rêve aux amants ;
Notre bonheur pourrait lui faire envie.
Que le secret couve nos sentiments.

Jadis Emma pour le jeune Hyacinthe
Sentit son cœur rempli de doux transports.
Hyacinthe aussi d'amour connut l'atteinte ;
Pour se parler ils firent leurs efforts.
Loin des regards d'une mère fâcheuse
Leurs doux soupirs eurent d'heureux moments,
Tout souriait à leur flamme amoureuse.
Que le secret couve nos sentiments.

Bientôt lassés d'un bonheur si tranquille ,
Dont ils n'avaient que les cieux pour témoins ,
Ils dirent tout à la belle Camille ,
Qui leur promit ses conseils et ses soins.
Mais indiscrète était la confidente,
Elle troubla, jalouse, leurs penchants
Et dit qu'Emma d'Hylas était l'amante.
Que le secret couve nos sentiments.

On a toujours dans l'ombre du mystère
De plus ardents, de plus brûlants désirs,
Des envieux on brave la colère,
Par cela même on double ses plaisirs.
Devant les yeux d'une foule indiscrète
Il faut toujours paraître indifférents ,
Nous jouirons bien mieux du tête à tête.
Que le secret couve nos sentiments.

L'AMANT ET LE CONFESSEUR

———

Je ne veux plus d'une faible maîtresse,
Qui songe à Dieu quand je veux l'embrasser.
Lorsque parfois je cherche une caresse,
Tu me réponds : Je vais me confesser.

Eh bien ! choisis des *Oremus* d'un prêtre
Ou des transports d'un cœur brûlant pour toi.
De tes pensers je dois être seul maître,
Si tu ressens autant d'amour que moi.

D'un confesseur l'adroite hypocrisie
Saura bientôt égarer ta raison.
Pour nos baisers sa noire jalousie
T'imprègnera de son affreux poison.

Vois-tu ce prêtre en proie à la nature?
Il n'ose pas contenter ses désirs.
S'il le faisait il serait un parjure,
Et furieux poursuit-il nos plaisirs.

Ne pense pas que je sois un athée.
Je sers un Dieu, mais un Dieu ceint de fleurs,
Et non ce Dieu qu'une foule hébétée
Croit adorer par des jeûnes, des pleurs.

LA VENGEANCE

Hier, sous le poids de Bacchus,
De honte j'en rougis encore,
Une profane de Vénus,
C'est l'impudique Éléonore,
Elle-même guidait mes pas,
Allait m'attirer dans ses bras,
Lorsque cette bague brillante,
Que tu me donnas, mon amante,

Frappe mes yeux, saisis d'effroi.
Je t'implore, ô Zéphirine,
De l'amour puissance divine!
Ton saint nom me rappelle à moi,
Et tremblant je vole vers toi.
A tes genoux, baigné de larmes,
Je me précipite éperdu.
En apercevant mes alarmes
Ton cœur sensible fut ému.
Craintif je t'avouai mon crime.
Pareil à la faible victime
Enchaînée aux pieds de l'autel,
J'attendais ton courroux mortel,
Châtiment de mon inconstance,
Mais un baiser fut ta vengeance.

ENVOI DE DEUX TOURTERELLES

Des amantes ô la plus belle,
Des beautés ô la plus fidèle,
Des cœurs ô le plus amoureux,
Surtout le plus voluptueux,
    O toi que j'aime,
Je viens t'offrir le doux emblême
    De la fidélité
    Et de la volupté.

Accepte ces deux tourterelles.
Le frémissement de leurs ailes,
Leurs doux, brûlants roucoulements,
Leurs jeux, leurs baisers plein d'ivresse
Te rappelleront, ma maîtresse,
Les transports, les ravissements,
L'ardeur, les délires, l'extase,
    Le feu qui nous embrase
    Dans nos embrassements.

ZÉPHIRINE

LIVRE TROISIÈME

ÉLÉGIE I

———

Dis, est-ce rêve ou bien réalité?
Car j'ai l'esprit si malade, agité,
Que je ne sais si je dors ou je veille.
Est-ce un vain son qui frappa mon oreille,
Ou bien ta voix qui prononça ces mots :
« Tout est fini, Philippe, on me marie ! »
Ah! Zéphirine, à genoux je t'en prie,
Vite, écris-moi, fais cesser tous les maux,

L'affreux tourment, les angoisses horribles,
Le désespoir, les tortures terribles
Qui dès hier me déchirent le corps,
Brûlent mon sang, me martellent la tête.
J'allais sortir pour te voir, vains efforts!
Un froid de fièvre à la porte m'arrête.

ÉLÉGIE II

———

Ce n'était point une attaque de fièvre
Qui m'aigrissait, me fustigeait le sang,
Un cauchemar qui m'étreignait le flanc!
Ce mot fatal est sorti de ta lèvre,
Et ta main même ose me le tracer.
C'est cette main cependant elle-même
Qui m'écrivait : « Ce n'est que toi que j'aime. »
Tu l'apprenais alors à caresser,

Et maintenant tu l'instruis à blesser.
Si j'avais su je te l'aurais brisée
Comme un jouet quand je te la pressais,
Ou de mes dents, quand je te l'embrassais,
Coupée, et toi, je t'aurais méprisée!...
Oui! du public vil objet de risée,
Je t'aurais su traîner de pas en pas
Du déshonneur dans le dernier abîme,
Et sur ton front stygmatisé du crime
Tous auraient lu... Mais non, n'achevons pas!

ÉLÉGIE III

———

Cesse tes pleurs, non! femme, point d'excuse!
Je n'en veux pas! N'atteste point le ciel!
Pleurs et serments sont faux, je les récuse.
Ne cherche point de paroles de miel
Pour adoucir l'amertume, le fiel
Que sur mon cœur ta main vient de répandre.
Tout est fini désormais entre nous.
Ce mot est dur; je ne puis le reprendre,

Car il n'a rien qui doive te surprendre :
Tu me l'as dit. C'est toi dont le courroux,
Dont la fureur, dont la rage, que sais-je?
Vient de briser des liens aussi doux,
Tant de bonheur, d'ivresse, de bien aise.
Tu l'as voulu, cesse donc tous tes pleurs,
J'y suis muet et sourd dans mes douleurs.
Oui! mes douleurs, car mon cœur en déborde,
Et j'en rougis, il en faut convenir.
Mais la raison saura bien les finir,
Il faudra bien tôt ou tard qu'elle y morde.

ÉLÉGIE IV

—

Encor de toi, femme, une lettre encor !
Que me veux-tu ? Mon corps, mes sens malades
Ont-ils besoin de tes promesses d'or,
De tes grands mots, de tes jérémiades?
Je n'y crois plus, les charmes sont détruits.
Jadis pourtant un mot seul de ta bouche
Magnétisait mes esprits éblouis,
Me rendait clair des objets le plus louche,

Tu dissipais avec un seul regard
Chez moi la crainte inquiète et jalouse,
Je te croyais naturelle et sans art,
Et faite un jour pour être mon épouse;
Je me trompais, je le vois maintenant.
Tout était faux, œil, parole, sourire,
Du plaisir seul en ton crédule amant
Tu recherchais la joie et le délire.
Je me trompais, j'en suis assez puni :
Mon temps perdu, ma jeunesse passée,
Quelques regrets et mon ame émoussée ;
Mais à présent enfin tout est fini.
Ah ! cesse donc de vouloir me séduire
Avec tes pleurs, ton fourbe désespoir,
A mon amour de vouloir faire luire
L'illusion d'un mensonger espoir.
D'autres que moi pourraient s'y laisser prendre,
Je te connais, tout chez toi paraît tendre,
Sourire, voix, le geste et le maintien,
Et pas un cœur n'est plus dur que le tien.

ÉLÉGIE V

Coulez, mes pleurs, ah! coulez, je suis seul!
Oui! dans mon cœur frayez-vous un passage,
C'est m'étouffer qu'y rester davantage;
J'ai l'œil couvert d'un funèbre linceul.
Coulez, mes pleurs, la nuit est longue encore.
Soulagez-moi de ce pesant fardeau
Que je sens là comme une masse d'eau
Qui me submerge et comme un feu dévore.

Coulez, mes pleurs! celle qui m'a trahi
Ne saura pas que j'ai pleuré pour elle;
Elle en rirait sans doute la cruelle.
Autant j'aimais autant je suis haï.
Coulez, mes pleurs! effacez bien la trace
De ces plaisirs qui m'avaient enivré,
Du souvenir dont mon cœur est nâvré.
Vite coulez et puis faites-moi grâce.

Coulez, mes pleurs! aucun ne vous verra.
Vous êtes doux pour ma douleur poignante,
Doux comme un baume à mon ame saignante,
Vous finirez quand le jour reviendra.
Coulez, mes pleurs, tandis que tout repose!
Personne ici pour narguer de mes maux.
Nul indiscret aux insipides mots
De mes tourments pour demander la cause.

ÉLÉGIE VI

Grâce! pitié pour ton cœur abattu!
Pitié! mais toi, dis, femme, en avais-tu
Quand tu m'appris cet affreux hyménée,
Qui vient briser toute la destinée
Que je rêvais tant de fois dans tes bras,
Et que toi-même, en ta flamme hypocrite,
Embellissais d'un espoir plein d'appas?
Pitié tu veux! eh bien! oui, tu l'auras

Comme ton cœur de mégère mérite.
Aussi cruel et barbare que toi,
Tremble!... Mais non! ça me répugne à moi.
Le mépris seul c'est toute ma vengeance.
Ne pense pas que je sois assez vil
Pour montrer même à l'œil le plus subtil,
Pour divulguer, des fats comme l'engeance,
Le grand secret qui nous unit tous deux.
Sois en repos, je te promets silence;
Dorlote-toi dans des songes heureux,
Qu'un souvenir, remords vengeur, terrible
De ses poignards ne te poursuive plus :
Car vrai, c'est là la cause bien visible
De tant de pleurs désormais superflus.
Je te promets, et tu sais, mes promesses
Comme chez toi ne sont jamais traîtresses.

ÉLÉGIE VII

———

C'est du repos qu'il me faut désormais
Prétendent-ils les enfants d'Épidaure;
Durant cinq jours du mal qui me dévore
Ils ont cherché, sans la trouver jamais,
La cause simple, et leur science obscure
N'en pouvant point découvrir la nature,
A divagué comme elle fait toujours.
Grâce à des eaux qu'ils appellent rhubarbe,

BIBLIOTHÈQUE IMPÉRIALE

7

Séné, chiendent, émétique ou joubarbe
Ils ont éteint pour un instant le cours
Du feu brûlant qui, couvert sous la cendre,
N'attend qu'un souffle, hélas! pour se répandre,
Tout calciner, ravager de nouveau.
Leurs mains de fer m'ont brisé le cerveau,
Tiré du sang jusqu'à me tuer même.
Je souffrais tout plutôt que mon secret
Ne fût connu. Moribond, à l'extrème,
Dieu! j'espérais que leur art indiscret
Là dans la tombe, où personne plus n'aime,
Où tout est froid, sous peu me conduirait;
Mais, fol espoir, je reviens à la vie,
Quand je croyais qu'ils me l'avaient ravie.

C'est du repos qu'il me faut, ont-ils dit.
Du repos, bien! mais il faut que mon ame
Étouffe avant le souvenir maudit,
Le souvenir vengeur de cette femme.

ÉLÉGIE VIII

Femme, à ton tour tu souffres donc aussi!
C'est donc bien vrai? je suis vengé! Merci.

Tu veux me voir. Eh bien, quand la nuit sombre
Sur Périgueux aura versé son ombre,
Quand les argus qui veillent près de toi
Sommeilleront, à minuit, attends-moi.
N'espère pas cependant que tes larmes
Puissent encore, astucieuses armes,

Vaincre mon cœur, il est trop résolu
A résister à ta voix, à tes charmes;
Je l'ai juré, c'est toi qui l'as voulu.

Dans cette chambre, où ma bouche brûlante
Te prodigua ses baisers tant de fois,
Où tu juras, sous Vénus délirante,
D'être fidèle et soumise à mes lois,
De ne jamais recevoir un autre homme
Là dans ce lit, théâtre des plaisirs
Que nous goûtions en savourant le baume
Qu'on nomme amour, ce lit où tes désirs,
Jamais contents, m'eussent fait rendre l'ame,
.Si la raison n'eût maîtrisé ta flamme,
Ne compte pas m'introduire ce soir.
J'ai peur, je crains... pourtant j'irai te voir.

ÉLÉGIE IX

Oui! je te crois, on te traîne à l'hymen,
Tes parents seuls auront donné ta main,
Tu n'aimes pas celui qu'on te destine
Et tu seras toujours ma Zéphirine.
Pardonne-moi les grossières horreurs
Qu'un désespoir, aveugle en ses fureurs,
A fait sortir de ma plume égarée.
Pardonne-moi mes doutes, mes soupçons,

Et dans l'oubli pour tout jamais laissons
Ces vingt longs jours de démence ulcérée.
Oublions tout : au bonheur renaissons.
Tout comme avant de la béatitude
Viens, savourons la douce quiétude.
Que nos baisers se croisent nuit et jour!
Malgré le monde et ses folles maximes
Notre passé nous absout de tous crimes.
Viens, plongeons-nous dans des torrents d'amour!
Nous nous aimons, que faut-il davantage?
Est-il besoin que le prêtre à l'autel,
Lorsque deux cœurs ont l'amour en partage,
Les réunisse aux yeux de l'Éternel?
Ils sont unis par la main de Dieu même,
Puisque c'est lui qui commande qu'on s'aime.

ÉLÉGIE X

C'est pour Albert que seraient tant d'appas,
Tant de beautés, de fleurs à peine écloses?
Et cet Albert étreindrait dans ses bras
Ce corps d'albâtre où le carmin des roses
Est mollement de veines nuancé,
Où la nature à grands flots a versé
Tous ses trésors? ces beaux cheveux d'ébène,
Ces yeux d'azur, frangés de deux longs cils,

Ces blanches dents que le corail enchaîne,
Et cette langue aux coups âcres, subtils,
Voluptueuse, avide, enchanteresse,
Et que jamais on ne peut oublier
Quand une fois dans un transport d'ivresse
Avec la sienne on a pu la plier,
Ce cou de cygne et ces larges épaules,
Et ces deux seins en globes arrondis,
De violette et de rose pétris,
Dont on ne peut peindre avec des paroles
L'appétissante, indicible beauté,
L'éclat, la forme et l'élasticité,
Tant de contours, de richesses, de grâces,
Qu'à l'œil dérobe et voile la pudeur,
Empreints encor des délirantes traces
De mes baisers, dont la fougueuse ardeur
A cette nuit parcouru tous tes charmes,
Tous étouffant tes trop chastes alarmes,
Sans épargner même les plus secrets,
Pour un autre homme auraient été créés?
Non, non! bon Dieu! seul à moi tout ton être,
Aucun que moi de toi ne sera maître,
A moi, moi seul, tes peines, tes plaisirs!
S'il est bien vrai que pour moi seul tu souffres,
Moi seul je dois contenter tes désirs.
Tu m'appartiens comme le lierre au chêne,
L'homme au malheur, le forçat à la chaîne.

Arrange-toi, pour moi seul je te veux.
De tes parents ose braver les vœux.

Quand leur pouvoir commande quelque crime,
Et c'en est un de trahir les serments
Que fit l'amour en ses épanchements,
La résistance est juste et légitime.
N'écoute plus leurs tyranniques lois,
Puisque ton cœur doit en être victime.
Dieu ne nous fit, t'ai-je dit bien des fois,
Et l'on ne peut trop souvent le redire,
Que pour aimer et ne jamais maudire.

ÉLÉGIE XI

De tes refus le trop juste motif
Tu n'oses pas l'accuser à ta mère!
Tu n'oses pas à la douleur amère
Dont l'âpreté, le poison corrosif
Te mine et tue avouer le remède.
Veux-tu que moi, moi d'un sang roturier,
Oui roturier pour celui qui possède
Un nom, de l'or, bien qu'il ait l'ame laide,
J'aille à ses pieds hautains m'humilier?

Ou de sa sœur, que la noblesse obsède,
Dont le blason d'un simple chevalier
Ne pourrait même éblouir l'ame fière,
Faut-il aller, rampant dans la poussière,
De son orgueil écrasé sous le faix,
Demander l'aide, implorer les bienfaits?
Eh bien! j'irai. Mon amour a la force
De tout braver plutôt que cet hymen
Ne s'accomplisse et plutôt que ta main
Et ta fortune, à ses yeux seule amorce,
Car de l'or seul ses sens sont amoureux,
Quand il en palpe il nage dans la joie,
Son œil plombé devient tout radieux,
Quand il en serre, entasse, il est aux cieux,
De cet Albert ne deviennent la proie,
De cet Albert, de titres chamarré,
Dont la naissance est le fade mérite,
Sur parchemin par Louis-Quinze écrite,
Que son laquais, de ganses décoré,
Du bon vieux temps pédantesque folie,
Fait sonner haut de peur qu'on ne l'oublie.
Eh bien! j'irai. Je leur dirai la foi
Que devant Dieu tu m'as jurée à moi,
Et nous verrons si leur pouvoir coupable
Peut délier un nœud aussi sacré,
Et si leur cœur peut rester intraitable
Devant l'amour par dix mois consacré.

Si je n'ai pas de l'or, de la noblesse
Comme il en faut à tes parents hautains,

J'ai l'ame grande et pour moi ma jeunesse
Et mon amour ; ça vaut bien les destins
Que te promet ce comte rachitique,
Déjà vieilli , par les vices souillé,
Et dont le cœur n'est plus émoustillé
Que par l'appât de ta dot magnifique.

ÉLÉGIE XII

———

Ah! qu'as-tu fait, amante infortunée?
Quel est ce dieu qui s'acharne sur moi,
Ou quel démon poursuit ma destinée?
D'un sort fatal je courbe sous la loi.
Sur ton vieil oncle, et qui se dit un prêtre,
A qui ton cœur a confié l'amour
Qui nous unit et le reste peut-être,
Que tout le mal que j'éprouve en ce jour

Retombe donc. Amante malheureuse,
C'était donc là ta planche de salut!
Ton seul espoir! Suppôt de Belzébuth
Il t'a trompée, et sa rage orgueilleuse,
Car la soutane en couvrant un mortel
N'étouffe pas le vaniteux mortel,
Bien au contraire elle l'attise, enflamme,
N'a pu souffrir ton crime prétendu,
Et vomissant la menace et le blâme
Vers le collége elle a vite couru :
Lorsqu'au parloir mes yeux ont vu paraître
Tout essoufflé, non pas un homme, un prètre,
Dans sa démence il n'en a que l'habit,
Mais l'enragé que la fureur trahit,
Un voile épais a couvert mes paupières,
D'un froid mortel a grelotté mon corps,
Et de Satan croyant voir un des frères,
Je me suis cru déjà parmi les morts.
Tout alentour de moi paraissait trouble,
Tout égarés mes yeux y voyaient double,
Lorsque la voix de ce fils de l'enfer
Et les deux mains ou les griffes de fer
Me saisissant me rappellent au monde.
Tu peux penser quelle douleur profonde,
Quelles horreurs, quels tourments, quel effroi
Me torturaient et se passaient en moi,
Lorsqu'il m'a dit, prouvé que toi sa nièce
Avais ouvert les secrets de ton cœur
A sa prudence, à sa fourbe tendresse,
Et que voulant empêcher ton malheur

Il m'ordonnait de cesser mes visites
Et de finir mes coupables poursuites,
Ou qu'un couvent... C'est affreux, un couvent...
J'ai tout promis, du moins paru promettre.
Excuse-moi, je n'étais plus le maître
De mes transports, de mon égarement.
Ou qu'un couvent... Ce mot il est terrible...
A mon oreille il sonne encore là...
Cilices, fouets, cloître, ah! Dieu! c'est horrible!
Tout mon amour ne va pas jusque-là.

Épouse Albert, tu seras plus heureuse.
Oui, beaucoup plus! Ne pense plus à moi;
Car avec moi tu serais malheureuse.
Le ciel jaloux ne veut pas, tu le vois,
Bénir nos nœuds... Adieu! va... Sois heureuse!

ÉLÉGIE XIII

Depuis trois jours dans cette infirmerie
On m'a porté : je ne m'en souviens pas.
C'est donc trois jours sans un signe de vie
Et sans douleur... Ah! tel est le trépas
Que l'on nous peint de nuances si sombres.
Tout y finit; vide mot que les ombres
Ou que notre ame une fois au cercueil.
Mort c'est néant. Tout y va, nom, orgueil,

Manant, monarque, insensé, philosophe,
Dans le tombeau pas un ne se réchauffe,
Tout est glacé, se corrompt, se pourrit,
Et l'ame même ou l'instinct s'y flétrit
Et du ver seul la grouillante famille
Dans un cadavre et pullule et fourmille
Et l'agitant paraît le ranimer.
Pour venir là nous nous donnons des peînes,
Bien des tourments; nous nous forgeons des chaînes.
Jeunesse, amour, tout s'y doit abîmer.

ÉLÉGIE XIV

———

A toi, Léo, toi dont les soins actifs,
Dans ces trois jours de mal et de délire
Près de mon lit me veillaient, attentifs
A ce qu'aucun dans mon cœur ne pût lire,
A toi, merci, que de grâces à toi!
Qu'un jour le ciel te les rende pour moi.

Sans ta prudence on eût connu mes peines
Et les moyens dont je brisais mes chaînes

Lorsque les nuits, évadé de prison,
Je me glissais vers la blanche maison
Où Zéphirine attendait ma présence.
A toi, merci! car l'excès des douleurs
A mes secrets arrachant le silence,
Dans mon sommeil dévoilaient de mes pleurs,
Tu me l'as dit, et l'effet et la cause.
Je disais tout, tout même son vrai nom;
Je décrivais son habitation
Et tous ces lieux où sa bouche de rose
Me prodigua ses baisers, ses serments,
Où je passai des heures si rapides
A savourer sur ses lèvres humides
Des voluptés les charmes enivrants.
Merci, Léo! ton amitié prudente
De bien des maux vient de me préserver :
Tous auraient su le nom de mon amante
Et mes secrets, que tu viens de sauver.
On aurait mis aux mains de la justice
Le pauvre Brun, mon innocent complice,
Qui chaque soir me laissait esquiver
Quand nos argus éteignaient leurs lumières
Et qu'à Morphée ils livraient leurs paupières.

Tu viens ainsi, Léo, de me prouver
Ton amitié. Ce n'est pas tout encore :
Que mon amante à tout jamais ignore
L'affreux péril dont tu nous as tirés.
Toujours craintif en ses justes alarmes,
De ce danger les sens tout pénétrés,

Son faible cœur verserait trop de larmes.
Cache-lui donc tout ce que tu sauras
Qui lui pourrait causer la moindre peine.
Demain jeudi, lorsque tu la verras,
Sois bien discret, ne lui dévoile pas
Ce qui me tue et dont mon ame est pleine.

ÉLÉGIE XV

———

De ta cendre naissent des fleurs :
Je les arrose de mes pleurs.

STANCES

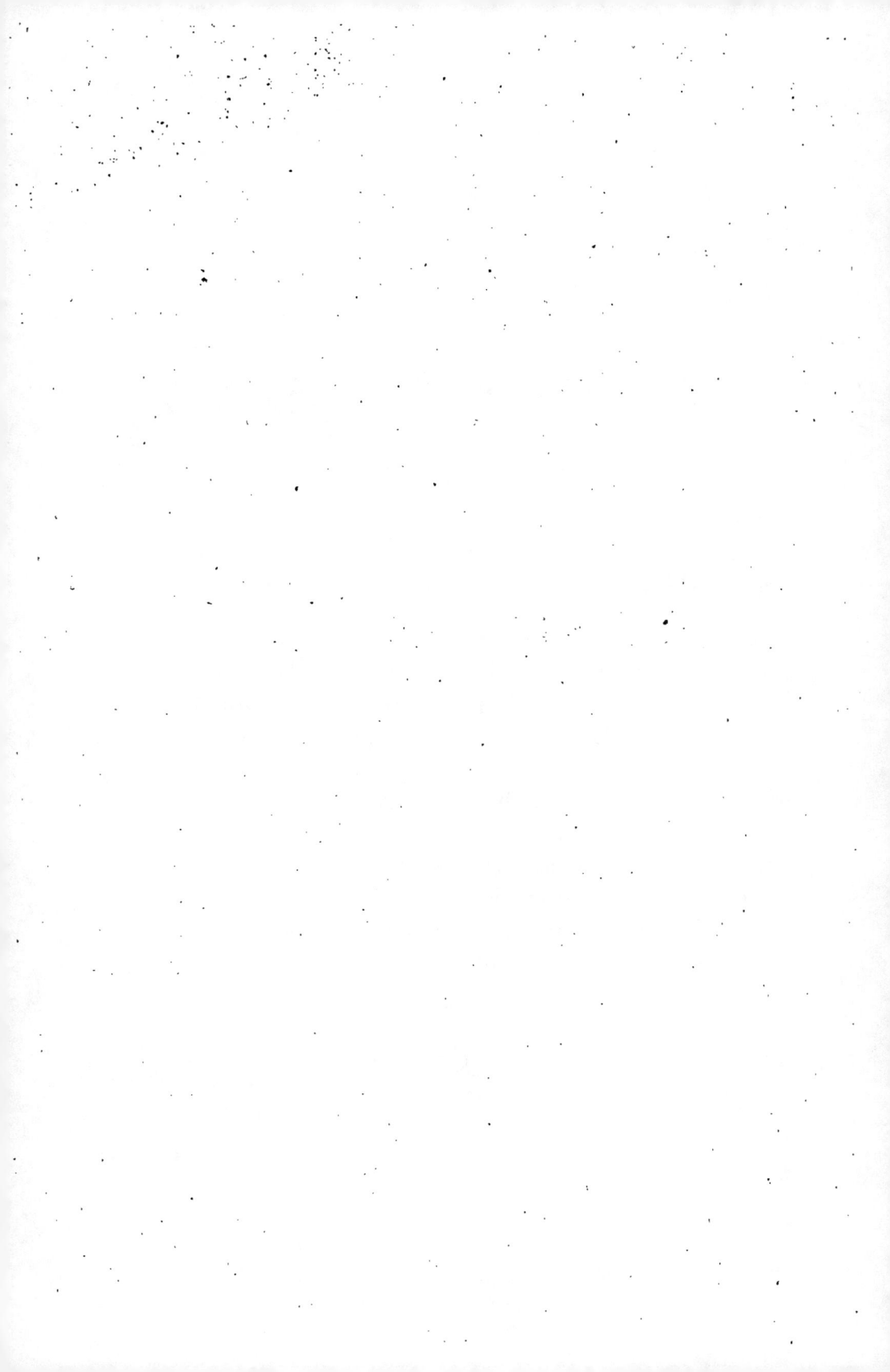

ÉPITAPHE DE G*** M***

———

1827.

Fidèles, qui venez dans ce lieu de douleurs,
Si l'amour pour un fils vous causa des alarmes,
Si l'amitié jamais eut pour vous quelques charmes
Au pied de ce cyprès répandez quelques pleurs.

Priez que cette terre
Lui soit un peu légère,
Pour prix de ses vertus.
Ce sont les seuls tributs
Qu'attendent de vos cœurs une mère éplorée,
Un père, des amis, une sœur adorée.

LES SOUVENIRS

1828,

L'amour terrestre est pour moi sans attraits.
Je le croyais la félicité même,
On est toujours crédule alors qu'on aime,
Il n'a laissé qu'amertume et regrets.
J'ai trop connu la mensongère ivresse
De ses baisers aux suaves douceurs.
Je veux à Dieu consacrer ma jeunesse,
Et renoncer aux mondaines erreurs :
Dans le Seigneur j'ai mis ma confiance,
Pour ici-bas je n'ai plus d'espérance.

Quoi! plus d'espoir! Ce mot fait frissonner!...
O mon grand Dieu, soutiens-moi, je chancèle,

Je sens encor d'amour une étincelle,
Seule à mon cœur vas-tu m'abandonner?
Pendant un an ton bras m'a soutenue
Dans les combats que livraient les remords;
Les croix, les fouets, des fers la pointe aigue
Sans en gémir ont macéré mon corps.
J'ai tout souffert pour mériter ta gloire :
Faut-il céder si près de la victoire?

Ah! loin de moi trop impuissants désirs!
Fuyez, fuyez! je me condamne aux larmes,
Je ne puis plus me livrer à vos charmes,
Ni savourer vos criminels plaisirs.
L'espoir détruit, vous n'êtes plus qu'un rêve,
Vivre à mes yeux n'est plus qu'un long sommeil.
Lorsqu'il faudra que ce sommeil s'achève,
Libre de vous j'espère un pur réveil.
Dans le Seigneur je dirai ses louanges,
Et je boirai le bonheur de ses anges.

Pour un ingrat jusqu'alors j'ai vécu.
Sous ses baisers mes sens encor novices
Se sont ouverts aux profanes délices,
Par le bonheur mon cœur était vaincu.
Ivre d'amour je rêvais la constance,
Il le jurait : qui n'eût cru ses serments?
Après avoir séduit mon innocence
Il se refuse à mes embrassements.
Dieu de bonté, pardonne à mon délire;
Dans mon malheur, ah! daigne me sourire.

L'ÉGAREMENT

———

5 février 1830.

C'est à tes pieds, ô sainte Magdelaine,
Que de mes feux je viens me soulager.
Des voluptés tu sus briser la chaîne,
Moi je voudrais aussi m'en dégager.

Le fouet sanglant frappe en vain ma poitrine,
Des croix de fer ont beau meurtrir mon sein,
Mon sang brûlant brave la discipline,
Et mon anour ne connaît plus de frein.

Des vœux nombreux, des prières ferventes,
Larmes, sanglots, jeûnes réitérés,
Rien n'a chassé les ombres ravissantes
Qui sont toujours sous mes yeux enivrés.

Éloigne-les, ou mon ame en délire
Ne pourra plus résister à leurs feux :
De mon Volnis elles ont le sourire...
Tiens, vois ses traits, son regard, ses cheveux.

Perfide, fuis, laisse-moi dans les larmes.
Tu la trahis l'innocente Azéma.
Ta longue absence a trop terni ses charmes,
Elle n'est plus pour celui qu'elle aima.

Oui! c'en est fait, ingrat, tu m'as trahie,
Je ne dois plus de nouveau m'enflammer.
Cesse tes pleurs, sur mon ame flétrie
Ils ne font rien : je ne veux plus aimer.

Aimer!... mais toi, si tu m'aimais encore!...
Tes yeux en pleurs le disent bien, cruel!
Mais las! ton cœur est-il vrai qu'il m'adore?
Oh! si c'est vrai viens aux pieds de l'autel...

Où me cacher, l'horreur de la nature?
Je suis unie à Dieu par mes serments,
Je l'ai juré, faut-il être parjure?...
Échappe donc à mes embrassements...

Tu ris, méchant!... Ah! redoute la foudre.
Méprises-tu la voix des cieux vengeurs,
Qui d'un mot seul vont te réduire en poudre...
Arrête donc ces baisers... enchanteurs...

La sens-tu bien cette brûlante flamme
Qui m'électrise?... Ineffables transports!...
Tiens ce baiser... avec lui prends mon ame...
Elle me fuit... La joie étreint mon corps.

Redouble encor tes ardentes caresses :
Abreuvons-nous des âcres voluptés...
Depuis longtemps leurs calmantes ivresses
N'ont rafraîchi mes membres agités.

Ah! jouissons!... Mais du clocher gothique
L'airain sonore appelle ici mes sœurs.
C'est pour prier : leur cœur est angélique,
Et moi je rêve aux mondaines douceurs..

O mon grand Dieu! détourne ta colère,
Vois Azéma d'un regard de bonté;
Tu peux finir, si tu veux, ma misère.
Je t'aimerai si l'amour est dompté.

Eh! quoi, Seigneur, l'amour est-il un crime?
T'outrage-t-on par ses douces erreurs?
D'où nous vient-il ce feu qui nous anime?
N'est-ce pas toi qui l'as mis en nos cœurs?

Si mon amour ou t'offense ou t'outrage,
Fais-moi mourir ou rends-moi ma raison.
De mon Volnis je vois partout l'image :
Elle détruit les fruits de l'oraison.

ALIX WARNOLD

Angers, 25 septembre 1831.

Que t'ai-je fait, Dieu de toute puissance,
Dispensateur et des biens et des maux;
Pourquoi ta main à mon adolescence
Des voluptés fermes-tu les canaux?

Seul malheureux sur toute cette terre,
Que ta bonté créa pour les plaisirs,
Tu m'as frappé du sceau de la misère :
Je ne puis plus contenter mes désirs.

Si tu voulais des bonheurs ineffables
Détruire en moi les précieux trésors,
Il te fallait de mes sens irritables
Anéantir jusqu'aux moindres ressorts.

Mais non, jaloux de tourmenter mon être,
Tu m'as laissé germer, épanouir,
Et, pour combler la mesure peut-être,
Tu ne veux plus me donner de jouir.

Je l'ai connu, ce bien que je réclame,
Pendant un lustre, un instant seulement;
De son nectar il inonde mon ame,
C'est ce qui fait ma rage, mon tourment.

J'étais aimé, fêté, couru des belles,
Je choisissais, et mes lèvres en feu
Pressaient les leurs brûlantes d'étincelles,
Mon pouls ardent ne se lassait que peu.

Et maintenant d'un homme vaine image,
Malgré les feux qui me rongent le cœur,
Je n'ose plus adresser mon hommage
A nos beautés amantes du bonheur.

Je saurais bien encore les séduire,
De l'art d'aimer je connais les détours;
Mais la beauté ne peut dans son délire
Se contenter de stériles discours.

Si j'aperçois une femme, elle est belle;
Sa voix, ses yeux, tout égare mes sens :
Dérision! je m'anime pour elle
Et mes efforts demeurent impuissants.

Si des baisers jamais la douce ivresse
N'avait gonflé mes poumons palpitants,
Je me croirais, ignorant ma détresse,
Du moins l'égal des autres existants.

Mais accablé du faix de ta colère
Je ne puis plus comprimer mes sanglots.
A me vexer tu parais te complaire,
Des maux sur moi tu verses tous les flots.

Pour moi tout est un surcroît à mes peines :
Tu me poursuis jusque dans mon sommeil,
J'y crois jouir de beautés aériennes,
C'est une erreur qui fuit à mon réveil.

Si je parcours les sentiers du bocage,
D'un œil épris j'y contemple les fleurs.
Malheur à moi. Zéphire en son hommage
De Cupidon leur distille les pleurs.

Le rossignol par son gosier flexible
Charme les chants attentifs à sa voix;
Dans la nature il dit : Tout est sensible,
Tout des baisers subit les douces lois.

9

Dans mes loisirs si les hymnes d'Horace
Viennent frapper mon esprit agité ,
Mon cœur avide aussitôt se retrace
Mille tableaux vivants de volupté.

Mon sang bouillant et pétille et me brûle,
De mon néant je perds le souvenir,
A coups pressés le feu partout circule.
Félicité, tu vas donc revenir.

Jeunes beautés, de mon cœur les idoles,
Venez cueillir au sein de ces vergers,
De mes transports... Ah! trompeuses paroles!
Je serai froid sous vos brûlants baisers.

Mes regards seuls honoreraient vos charmes,
Ma main peut-être oserait les souiller.
Ah! laissez-moi m'éteindre dans les larmes.
Dieu me condamne à sentir et pleurer.

LAMARQUE

—

9 juin 1832.

C'en est donc fait, ô France, ô ma patrie,
Tes plus nobles enfants descendent au cercueil !
    Partout le sort sur ta terre appauvrie
Trace un profond sillon de misère et de deuil.
Son courroux acharné se rit à te poursuivre,
        Il t'enlève tous tes héros.
        Sans leur secours pourras-tu vivre ?
Pourras-tu résister à tes nombreux bourreaux ?

    Lamarque est mort !... bourgeois ou prolétaire
Chacun veut voir encore une dernière fois
    Celui qui fut un rare militaire,
Un intègre tribun, un redouté des rois.
Pour son hymne des morts on raconte sa vie,

Toutes ses vertus, ses hauts-faits,
Et Caprée et Fontarabie,
La Vendée et l'exil qui paya ses bienfaits.

Lorsque s'éteint un puissant, un monarque,
On commande au pays de vêtir la douleur;
Mais à la mort du général Lamarque
Les larmes qu'on répand sont les larmes du cœur.
On n'avait point besoin d'ordonner une escorte
Pour honorer son corbillard,
Tout Paris se foule à sa porte,
Chacun veut se placer aux harnais de son char.

Non-seulement la France est consternée,
Toute l'Europe aussi regrette un bienfaiteur.
Le Latium, la Pologne enchaînée,
Le Portugal mourant pleurent un protecteur.
Il voulait à la terre arracher ses vieux langes,
Où gît le monde emmaillotté,
Il voulait guider nos phalanges
Pour transporter partout la sainte liberté.

Mais il n'est plus cet homme populaire !
Avec nos Manuel et tous nos demi-dieux
Sur nous encor son ombre tutélaire,
Égide de nos droits, veille du haut des cieux.
Renégats de juillet, parodiez la tombe
Qu'à Foy donna la nation :
Lorsqu'un demi-dieu tombe,
Le cœur de tout un peuple est son seul Panthéon.

ANGÉLA F***

MORTE LE 26 FÉVRIER 1835

———

1er mars.

Ce qui dans ce val de misères
   A le plus notre amour,
N'a donc comme les fleurs légères
   D'existence qu'un jour!

Pour nous plus un être a de charmes,
   De grâces, de beauté,
Moins la mort, qui vit de nos larmes,
   Veut passer à côté.

Comme l'abeille qui butine,
    Prend les sucs les plus doux,
Barbare la mort se destine
    Les meilleurs d'entre tous.

Une enfant, qui brillait des grâces
    De l'esprit et du corps,
S'éteint sans laisser plus de traces
    D'un luth que les accords.

Pareille au follet météore,
    Qui scintille à nos yeux,
Elle paraît et s'évapore
    Dans le vague des cieux.

Des cieux ! oui, c'est là sa demeure.
    L'homme espère au néant,
Mais lorsqu'il voit sa dernière heure,
    Il n'est plus mécréant.

N'était-ce qu'argile et que fange
    Dans ce beau corps? Oh! non;
Dans les cieux son ame est un ange :
    Elle en avait le nom.

Amis, nous qui l'avons connue,
    Pour elle trève aux pleurs.
Là-haut, au-dessus de la nue,
    Il n'est plus de douleurs.

Elle n'a pas bu dans le vase
    Plein d'absinthe et de fiel,
Qui de passions nous embrase,
    Nous fait rire du ciel.

De mourir je te trouve heureuse!
    Que de maux étaient là,
Qui sur une mer dangereuse
    T'attendaient, Angéla.

La Calomnie, avec l'Envie,
    Ces monstres des enfers,
T'auraient empoisonné la vie,
    T'auraient forgé des fers.

Quand une fille est chaste et belle,
    Toi, tu l'aurais été,
Un noir venin tombe sur elle :
    Plus de tranquillité.

Amis, nous qui l'avons connue,
    Pour elle trève aux pleurs.
Là-haut, au-dessus de la nue,
    Il n'est plus de douleurs.

ÉPITAPHE

———

7 mars.

A peine aux portes de la vie,
Celle qui repose en ces lieux,
Comme un objet trop précieux
    Au monde fut ravie.
Elle avait pour nom Angéla :
C'était un ange sur la terre.
Contre nous peut-être en colère
    Le ciel la rappela.

LA JEUNE MALADE

═══

7 août 1855.

De ces bosquets en vain sous la feuillée,
Qu'humecte encor l'Aurore de ses pleurs,
Sur ce gazon, dont ma robe est mouillée,
Je viens calmer le feu de mes douleurs.

Comme un cancer il me brûle, il me ronge,
Il m'affaiblit... pas assez pour mourir
Et trop pour vivre... En mon sang, qu'il éponge,
Joie ou souci, tout ne fait que s'aigrir.

L'air du matin, dont la brise est si douce,
Je m'en souviens, souffle dans mes cheveux
Comme un tison, dont l'active secousse
Embrase tout de longs cercles de feux.

Des fleurs, des chants la magique harmonie
Exhale en vain ses parfums, ses accords :
Rien plus ne peut dans ma longue agonie
Faire mouvoir les fibres de mon corps.

Un seul objet, peut-être est-ce un fantôme
Que m'ont créé mes délires fiévreux,
Et qu'ils ont mis sous les formes d'un homme,
Me rend le cœur, quand il vient, plus heureux.

Alors, alors mon ame se dilate,
Dans mes poumons circule un sang nouveau,
Je crois renaître, et l'espoir qui me flatte
Vient agiter son prisme à mon cerveau.

Sous l'incarnat, qui colore ma joue,
Fuit la pâleur jaunâtre de mon teint,
Ma lèvre morne, où toujours est la moue,
S'épanouit, mon œil n'est plus éteint.

J'oublie aussi mes angoisses amères,
Je me revêts de mes plus beaux atours,
Je leur souris, la plus tendre des mères
Lâche une larme et rêve de beaux jours.

Mais lui, méchant! à peine il me regarde.
Jamais sa voix ne me dit de ces mots,
De ces mots doux comme un baume qu'on garde
De l'avenir pour soulager les maux.

Si quelquefois sa main pressait la mienne,
Et si son souffle au mien venait s'unir,
Mon existence épurée à la sienne
Si jeune encor ne pourrait pas finir.

S'il me disait, s'il me prouvait qu'il m'aime,
Je n'aurais rien à demander au ciel,
Mais il se tait, ma douleur est extrême,
Tout redevient sombre, noir, tout est fiel.

Un criminel dans tout ce qui l'approche,
La nuit, le jour, éprouve des remords,
Moi jour et nuit partout j'entends la cloche
Sonner pour moi la prière des morts.

Ma bouche est sèche et mes yeux fixes, caves,
Mon cœur est froid à tous les aiguillons,
Et mes pleurs sont brûlants comme des laves.
Vrai! sur ma joue ils creusent deux sillons.

Une toux rauque oppresse ma poitrine,
Sur mes genoux mon corps est chancelant,
Sous mes habits ma taille se dessine
Comme les os d'un squelette ambulant.

L'eau du rocher, jadis de glace, est chaude,
Les meilleurs fruits sont pour moi sans saveur.
Tout désormais m'obsède et m'incommode,
Seule la mort serait une faveur.

Depuis longtemps je l'appelle, l'implore,
Elle me fuit... Ne puis-je donc mourir?
Quelles douleurs, quels supplices encore
Suis-je, mon Dieu! destinée à souffrir?

LE DÉGOUT

———

25 septembre 1835.

C'en est donc fait, je dois vivre éphémère!
Quoi! végéter, hélas! tel est mon sort!
Mon avenir n'est plus qu'une chimère,
Moi qui m'étais flatté de survivre à la mort.

A peine un pied sur le seuil de la vie
Et l'espérance, au hochet séducteur,
A tout jamais, m'a-t-on dit, m'est ravie,
Aucune illusion ne berce plus mon cœur.

Comme au jeune âge on rêve d'une amante,
Je n'ai rêvé pour mes jeunes accords
Que gloire, honneur, et dans cette tourmente
Mon ame s'est éteinte en lacérant mon corps.

Quand je chantais d'une belle maîtresse
Et les rigueurs et les baisers de feu,
Je me croyais, que ne croit pas l'ivresse?
D'Horace, Anacréon, Parny l'émule heureux.

Pourquoi toujours les cordes de ma harpe
N'ont-elles pas résonné pour l'amour?
J'étais content. Pourquoi, ceignant l'écharpe,
De notre liberté chantais-je le retour?

Présomptueux je quittai le domaine
Où croît la rose et les myrtes amis ;
Je cultivai Thalie et Melpomène,
De chêne nulle branche à mon front ne fut mis.

Je tentai tout, classique et romantique,
Béranger, Scribe, Hugo, Châteaubriant,
Sur tous les tons, le moderne et l'antique,
En vain se modula mon luth triste ou riant.

De Juvénal je saisis la lanière,
Et je voulus suivre Barthélemy,
Aigle il planait, vermisseau dans l'ornière
Moi je fus écrasé. Pas un regard ami.

Désir de gloire, aux trompeuses amorces,
Pourquoi vins-tu te mêler aux amours?
Ambition au-dessus de mes forces,
Tu me perdis, hélas! et perdis pour toujours.

J'étais heureux sur le sein de nos belles,
Je n'obtenais pour prix d'une chanson
Que des baisers, suaves étincelles,
Et la gloire à ma lèvre a versé du poison.

Pourquoi rester plus longtemps dans la vie?
D'un dieu tyran mon front porte le sceau.
Plaisirs, désirs, votre coupe est tarie.
Sans avenir la vie est un trop lourd fardeau.

Si quelque femme... Oh! non, non, gloire, femme,
Tout est fini, votre sceptre est brisé.
Mon ame est froide, elle n'a plus de flamme :
Voilez vos charmes nus, pour eux je suis blasé.

Eh bien, mourons! Ne versez point de larmes,
Amis, parents, sur mon jeune trépas.
L'illusion ne m'offre plus de charmes,
Pourquoi vivre, souffrir sans espoir ici-bas?

De ce poignard... il ne faut pas une heure,
J'aurai cessé de boire le malheur,
Tout finira... ma dernière demeure
Est le néant. Néant! on y dort sans douleur.

Il dit. Alors du fer la lame froide
Alla fouiller jusqu'au fond de son cœur.
Le sang jaillit, à terre il tomba roide,
Et l'on vit sur sa bouche un sourire moqueur.

A LACENAIRE

=====

15 décembre 1855.

Pour toi l'heure fatale approche, Lacenaire,
Pour toi l'on a dressé l'instrument sanguinaire,
Du bourreau les valets en graissent le ressort;
L'écume des faubourgs, la plèbe de la rue,
Tourbe avide de sang, sur la place se rue
    Pour voir finir ton sort.

Et toi, fils de Satan, vice, crime fait homme,
Tu ne parles de Dieu que comme d'un fantôme
Que font évanouir tes regards triomphants.
De ton hideux passé tu te fais un trophée,
Et la vie à venir n'est qu'un conte de fée
    Pour bercer des enfants.

10

Où donc as-tu puisé cet esprit de matière
Qui fut ton seul flambeau durant ta vie entière,
Qui conduisit ta main dans tes assassinats!
Où donc as-tu trouvé ce piteux athéisme
Par qui tu tuerais Dieu, dans ton sale cynisme,
    Si le pouvait ton bras?

Certes on avait vu plus d'une fois l'athée
Se faire un jeu des lois dans sa course hâtée,
Et fouler sous son pied l'honneur et la vertu;
Mais jamais on ne vit, le cou sur la potence,
Cet athée effronté, sans faire pénitence,
    Traiter Dieu de fétu.

Lacenaire, toi seul de l'échafaud en face
Du monde tu ne vois que la triste surface :
A ton cœur ulcéré rien ne parle au-delà.
Tu crois qu'après la mort notre corps, pourriture,
Tout entier du ver seul doit être la pâture
    Et que tout finit là?

Quelle est grande l'erreur où tu dors, tu te berces!
Mais non! tu n'y dors pas. Tes paroles perverses
Savent mal déguiser tes craintes, tes remords;
Tu voudrais t'étourdir sur les bords de la fosse,
Te prouver que notre ame est une flamme fausse
    Qu'éteint le drap des morts.

Lorsque sous les verroux la pitié te visite,
De te parler du ciel elle n'ose, elle hésite,

Serein paraît ton front, calme paraît ton œil,
Elle te plaint et croit que c'est le scepticisme
Qui te fait repousser le saint catholicisme,
      Quand ce n'est que l'orgueil.

Oui ! l'orgueil, c'est le mot. C'est lui qui sur ta lèvre
Des poignantes douleurs sait maîtriser la fièvre,
Composer ton visage et le rendre riant ;
C'est lui qui du vautour qui ronge tes entrailles,
Caché sous tes habits, fait qu'en public tu railles
      Quand ton mal est criant.

La sotte vanité d'étonner le vulgaire
Et de te faire un nom comme l'on n'en voit guère,
T'endurcit dans le crime et te rend esprit fort.
Ton rôle est bien joué. Va ! tu seras célèbre
Si tu tiens toujours bon jusques au char funèbre.
      C'est le dernier effort.

Homme satanisé, loin de moi ta pensée !
Oh ! si je pouvais croire à ta rage insensée
Je dirais à l'espoir un éternel adieu ;
L'honneur et la vertu, baumes de la souffrance,
Seraient vides de sens : privé de l'espérance
      Je douterais de Dieu.

LA CRISE COMMERCIALE

20 avril 1857.

Quel sera le savant ou le législateur
Dont la puissante voix pourra se faire entendre
D'un peuple que le ventre, éloquent orateur,
Pousse énergiquement à ne rien plus attendre
    De nos marâtres lois?
De ce peuple affamé, qui râle d'atonie,
Quels hommes, lui créant des métiers, des emplois,
    Finiront l'agonie?

Ce n'est pas d'aujourd'hui sans doute que le mal,
Qui menace partout, vient exercer sa rage :
Il est déjà bien vieux. Le vorace animal,
Qui ne doit vivre un jour qu'au milieu du carnage,
    Seul dans l'ombre a grandi.
C'est l'Etna, qui s'endort longtemps dans le silence,
Dont le flanc en travail plus tard d'un bond hardi
    Vers les astres s'élance.

Cet horrible fléau, souvent nous l'avons vu
Apparaître un instant et sitôt disparaître;
Mais au jour d'aujourd'hui de force il est pourvu,
Il campe en nos cités, promène, y parle en maître
    Et nargue le pouvoir.
Des maires, des préfets il brave les polices,
Il met du ministère en défaut le savoir,
    Échappe à ses milices.

D'abord c'est à Lyon, la fille du travail,
La ville du malheur, le club de la discorde,
Que le monstre a porté le hideux attirail,
Qui partout l'accompagne alors qu'il se déborde
    Contre le genre humain.
Banqueroute, pillage, émeute, suicide,
Tous armés de poignards, escortent en chemin
    Le géant homicide.

Il ferme l'atelier, en chasse l'artisan,
Lui brise son rabot, sa lime, sa navette,
Le lance dans la rue, en fait le partisan

Du premier qui viendra payer à la buvette
    Un morceau de pain noir,
Du premier qui viendra, faim n'est pas patience,
Offrir pour ses enfants, sa mère sans espoir,
    Une once de pitance.

Puis il court ravager d'autres vastes cités,
Qu'alimente, entretient la féconde industrie.
Le Nord et le Midi par lui sont visités,
Nismes, Nantes, Rouen sous sa langue flétrie
    Voient languir l'ouvrier.
Paris déjà lui-même a senti sa colère :
Du tisserand, plieur, apprêteur, teinturier,
    Il rogne le salaire.

Partout, dans tous les lieux où son vol l'a poussé,
Il s'établit, grandit, augmente ses victimes,
Mais toujours à Lyon. Il n'est jamais lassé,
Il grossit chaque jour et souille de ses crimes
    Les plus purs jusqu'alors.
On voit, réduits à bout, des pères dans le vice,
Pour acheter du pain, prostituer le corps
    De leur fille novice.

On voit des malheureux que tenaille la faim,
La faim, l'horrible faim qu'ils n'ont rien pour éteindre,
Manger la chair humaine, ou se ruer enfin,
Perdus de désespoir, fatigués de se plaindre,
    Au-devant du bourreau.
La vertu n'est qu'un mot, ils n'osent plus la suivre,

Et la nécessité sort le fer du fourreau :
    Il donnera pour vivre.

Des hommes, qui du crime ont tenté le secours,
Le nombre n'est pas grand, alors qu'on examine
Plus de cent mille bras inactifs tous les jours,
Aux aumônes tendus, depuis que la famine
    Les met sur le pavé.
Presque tous, pour nourrir leur criante famille,
On vendu leur grabat et n'ont rien conservé
    Qu'un sarreau tout guenille.

Sur la place publique ils errent l'œil hagard,
La paupière éraillée, éteintes les prunelles,
La peau comme un vélin transparente au regard,
Les dents mâchant à vide et se broyant entr'elles
    Faute d'autre aliment.
Par milliers, de la mort offrant tous les symptômes,
A peine recouverts d'un léger vêtement,
    Se traînent ces fantômes.

Ils vaguent tout le jour, bercés d'un vain espoir !
Bien souvent ils n'ont pas reçu la moindre aumône,
Une miette, une bribe, et n'ont pu même avoir
Les restes dégoûtants qu'aux chiens, aux porcs on donne :
    Le soir ils sont à jeun.
Beaucoup depuis trois jours n'ont rien mangé peut-être,
Lorsque des animaux certe il n'en est pas un
    Dont languisse ainsi l'être.

Quand la nuit est venue, oh! ce sont des douleurs,
Des tourments inouïs, une incroyable angoisse!
Pour reposer leur corps, oublier leurs malheurs,
Ils espèrent dormir... mais le mal qui les froisse,
    Torture, ne veut pas.
Et quand ils le pourraient, où trouver un asile
Pour pouvoir s'abriter contre tous les frimas?
    Chaque toit les exile.

Aux portes des hôtels ils s'asseoient accroupis;
Sous les porches du temple, où tous les vents mugissent,
Ils vont tout grelottants chercher quelque répit;
Mais les hôtels, le temple où leurs froids membres gissent,
    A leurs plaintes sont sourds.
Le ciel ne s'ouvre pas et le riche à la joie
Se livre sans songer que sous des faix trop lourds
    Le pauvre crie et ploie.

Ces riches, dont le cœur se ferme à la pitié,
Voyons-les, démasquons leurs faces hypocrites.
D'abord des fabricants... ils ont tout oublié,
Les leçons sur ces murs en traits de sang écrites,
    Et qui n'ont point servi;
Ensuite du pouvoir les valets dont la fibre
Du télégraphe seul de tout temps a suivi
    L'officiel équilibre.

Qu'importe que le peuple ait ou non pour manger!
Eux ils ont bien dîné, digèreront de même,
Leur créance au budget ne court aucun danger,

Leurs chevaux et leurs chiens, la femme qui les aime,
    Leur font mille jaloux.
Lorsqu'ils sont satisfaits, satisfaite est leur ville,
Eh! bon Dieu! que leur font les peines, le courroux
    De cette plèbe vile?

Les prières, les cris de ce peuple affamé
Ont frappé vainement à vos cœurs impassibles;
Eh bien! malheur à vous! En vain il a clamé,
En vain de sa fureur les bouillons irascibles
    Ont bondi sous le frein!
Eh bien! malheur à vous, à vous tous s'il se lasse
A votre superflu de mendier un brin!
    Vous saurez son audace.

Nous ne lui devons rien, dites-vous, imprudents,
Nous payons nos impôts : qu'aux chambres il s'adresse.
Égoïstes crétins, avares impudents,
Vous ne lui devez rien! Eh bien! qu'il se redresse,
    Et marche haut le front,
Et nous verrons alors si vos larges fortunes
Pourront lui refuser l'obole et retiendront
    Ses plaintes importunes.

Si vous avez à cœur vos trésors, vos plaisirs,
A ce peuple, qui peut vous tout prendre, détruire,
Pour apaiser sa faim, là sont tous ses désirs,
En attendant qu'un jour meilleur lui vienne luire,
    Donnez quelques deniers.
Lorsqu'il n'aura plus faim, vous n'aurez plus à craindre,

Vous pourrez entasser, surcharger vos greniers,
     Sans jamais le voir plaindre.

Vous, podagres élus, qui du Palais-Bourbon
Pour des dots et des fiefs braillez dans la grand'salle,
Qui nous bâclez des lois, où pour vous tout est bon,
Et dont le contenu de la plèbe vassalle
     Alourdit le fardeau,
A cette crise affreuse appliquez un remède ;
Prévenez la tempête, il est temps, le radeau
     Sous les flots sombre et cède.

L'ENCHANTEMENT

---

5 août 1837.

O Vierge du hameau, de nos champs protectrice,
Vois Marie à tes pieds, implorant ton secours
Contre un enchantement dont le noir maléfice
    De sa vie a troublé le cours.

O Vierge, prends pitié de la pauvre orpheline !
Tu peux de nos brebis détourner le malheur,
Chasser le loup hurlant du bois, de la colline,
    Du mourant calmer la douleur.

Hélas! et moi pourtant tu n'as pu me défendre,
Ou tu n'as pas voulu, contre les mots méchants
Qui me font dépérir ainsi qu'une fleur tendre
  Sous le chaud midi dans nos champs.

Tu connais l'enchanteur et tu le vois sans doute
Quand il vient dans la nuit, loin des regards humains,
Évoquant des esprits que le chrétien redoute,
  Se poster aux quatre chemins.

Tu l'as vu bien souvent dans les cavernes sombres,
Armé du noisetier entr'ouvrir les tombeaux
Et soumettre à sa voix des spectres et des ombres
  Lui portant des chairs en lambeaux.

Sur le sommet des monts, dans la forêt obscure,
Quand la fraîche rosée humecte les gazons,
Aux sons mystérieux que sa bouche murmure
  Il cueille et filtre ses poisons.

Il pourrait, tout puissant par ses charmes magiques,
Faire pâlir la lune, obscurcir le soleil;
Il pourrait par des mots, blasphèmes énergiques,
  Des morts suspendre le sommeil;

Et le cruel n'en veut qu'aux filles, qu'aux bergères,
Je ne le sais que trop! En paissant mon troupeau
Je marchais l'autre jour vers le champ des fougères
  Et tressais de paille un chapeau.

O Vierge, j'étais seule avec mon chien fidèle
Et ne me croyais point exposée au danger,
Quand tout à coup un homme à son secours m'appelle
     Contre Azor pour le protéger.

Je fis taire mon chien, qui grommelait sans cesse,
Son instinct, pauvre bête, en vain l'avertissait :
L'enchanteur, c'était lui, lui fit une caresse,
     Quelle caresse, Dieu le sait !

Je voulus m'éloigner alors que sur la mousse
Il s'assit près de moi, mais son bras me retint.
D'un pouvoir inconnu, d'une émotion douce
     Tout mon corps se sentit atteint.

Je ne pus résister à l'art de la magie.
Sur mon sein le cruel se pencha mollement,
Il ne me dit qu'un mot : Que je t'aime, Marie!
     Ce mot fut tout l'enchantement.

O Vierge, il prend ma main et moi je l'abandonne.
Dans la sienne il la presse et mon sang est brûlant.
Je ne puis lui parler, sous son œil je frissonne
     Et mon ame va s'exhalant.

Comme dans nos vallons l'agneau faible et timide
Bêle de cris plaintifs sous le bec des vautours,
Je soupire et lui dis : — Ange ou démon perfide,
     Ah! prends pitié de mes beaux jours!

Et lui répond alors avec un doux sourire,
De ses bras de ma taille en pressant le contour,
De sa lèvre effleurant ma lèvre qui soupire :
      Ah ! prends pitié de mon amour !

Et des mots aussi doux rassurent mes alarmes.
Je le regarde, ô Vierge, il pleurait le méchant.
Sur mon sein agité je sens couler ses larmes.
      Qu'ainsi son air était touchant.

Il me dit : O Marie, ô fille bien-aimée,
Pour soulager mes maux qu'un baiser plein d'appas...
—Un baiser ! que dis-tu ?...—Mais sa bouche enflammée
      M'apprend ce que je ne sais pas.

Ma bouche, tout mon être aspira son haleine.
Je brûlai de son feu, son souffle m'anima,
Le mal, l'enchantement courut de veine en veine
      Et le charme se consomma.

Ma tête se perdit, c'était un fou délire...
Je râlais dans l'extase et me sentais mourir.
Vierge, sans doute alors tu daignas me sourire,
      Sans ton secours j'allais périr.

Quand je revins à moi, l'enchanteur comme une ombre
S'était évanoui : j'étais seule à gémir.
Je ne l'ai plus revu. Dans mon cœur triste et sombre
      Il laisse un profond souvenir.

Au sommet de ces monts, là-bas loin du village,
Habite un vieil hermite estimé des hameaux;
On le disait savant pour les leçons de l'âge,
    Habile à guérir tous les maux.

Je suis allée, hélas! le voir dans sa retraite.
Guérissez-moi, mon père, ou je m'en vais mourir.
Je te plains, me dit-il en secouant la tête,
    Longtemps il te faudra souffrir.

Mon art est bien puissant, il peut rendre la vue,
Du lit de l'agonie écarter le trépas,
Je guéris bien des maux, mais le mal qui te tue,
    Enfant, je ne le guéris pas.

Va trouver l'enchanteur, lui seul pourra des charmes
Qui fascinent tes sens écarter le pouvoir.
Ainsi dit le vieillard, et moi versant des larmes
    Je cherche partout sans espoir.

O Vierge du hameau, de nos champs protectrice,
Vois Marie à tes pieds implorant ton secours
Contre un enchantement dont le noir maléfice
    De sa vie a troublé le cours.

L'ENFER D'UN JEUNE HOMME

———

29 août 1837.

C'est un bien beau coup-d'œil que ces longs bancs de femmes !
Des perles, des rubans, des fleurs dans leurs cheveux,
Des fronts riants et purs, des yeux noirs, des yeux bleus,
Des regards tout langueurs, ou des regards tout flammes,
      Sourires pénétrants
      Et parfums enivrants.

Là règne une magie, un délire, un prestige,
Des glaces reflétant de brillantes couleurs,
Des arômes tout chauds de femmes et de fleurs,
Des sons harmonieux nous donnant du vertige :
   Les sens sont fascinés,
   Les esprits enchaînés.

Les danseuses déjà, dangereuses Armides,
Effleurent le parquet de leurs pieds délicats,
De la froide étiquette encore elles font cas,
Mais bientôt le plaisir à leurs ames timides
   D'un plus mol abandon
   Vient faire l'heureux don.

La valse est plus rapide, et des tailles craintives
Les danseurs enhardis pressent les doux contours,
Et plongent leurs regards sous d'importuns atours
Leur dérobant en vain des formes attractives,
   Que leurs doigts convulsifs
   Étreignent expressifs.

Comme un philtre enchanteur la volupté circule,
Et les pores béants, de désirs pénétrés,
A sa coupe sans fond s'enivrent à longs traits.
De l'air qui les inonde à chaque molécule
   Est un charme, un poison
   Qui trouble la raison.

Des cous et des bras nus, des gorges mal gazées,
Tout ruisselants du feu des lustres, des bijoux,

Des murmures confus, des mots suaves, doux,
Des seins tout palpitants, des haleines rosées,
          Des nymphes, des Circés,
          Des hommes insensés.

Et quel jeune homme peut n'y pas perdre la tête?
Et même quel vieillard sous ses rares cheveux
Ne sent pas un frisson lui passer plein de feux?
Pourtant un tout jeune homme à la face inquiète
          Des danses dans un coin
          Paraît le froid témoin.

Sa main parfois essuie une larme furtive,
Mais il sait la cacher. Aussi tous près de lui
Passent indifférents sans soupçonner l'ennui
Qui le ronge, le tue, et dans sa tête active
          Porte des transports fous
          Et martelle à grands coups.

Pauvre jeune homme, hélas! d'un culte de Latrie
Il adore, il révère une ingrate beauté,
Il l'aime comme on aime une divinité,
Comme un proscrit pourrait rêver de sa patrie
          Et les nuits et les jours
          D'elle il rêve toujours.

Ah! le pauvre jeune homme il l'adore, mais elle
Ne répond à ses feux que par un froid dédain.
Dans les fêtes, les bals qu'elle embellit, soudain
Timide il apparaît; là, tout son soin, son zèle,

Ne pouvant lui parler,
Est de la contempler.

Lorsque le frôlement de sa robe de soie
En valsant près de lui l'effleure par hasard,
Un feu rapide brille en son terne regard,
Tout son corps agité se dilate, la joie
          Lui sourit, mais l'éclair
          S'évapore dans l'air.

Oh! qu'il serait heureux, si d'un mot, d'un sourire,
D'un serrement de main elle le caressait!
Oh! qu'il serait heureux, si jamais il pressait...
Mais non, l'infortuné ne pourrait y suffire,
          Cet excès de bonheur
          Ne berce plus son cœur.

A la voir, l'admirer il vient user sa vie,
Son amour le tuera. Peut-être du printemps,
Et si jeune, il n'a pas encore dix-huit ans,
Il n'écoutera plus d'une oreille ravie
          Le concert des oiseaux,
          Le murmure des eaux.

Voyez-le seul, le front tombant sur sa poitrine,
Il est tout absorbé dans son profond amour;
S'il relève la tête, il promène alentour
Soucieux, égaré sa prunelle chagrine.
          Sur son siége debout
          Il la cherche partout.

Elle, femme coquette et folâtre et rieuse,
Dans une polka vive étale de son corps
Le moelleux, le léger, les suaves accords,
Et force à l'applaudir la fouleuse curieuse,
      Qui suit de chaque pas
      Les attrayants appas.

A tous ses courtisans, elle a l'air d'une reine,
Elle accorde, elle dit des paroles de miel,
Et lui, pour qui sans doute elles seraient du ciel
L'ineffable bonheur, les entend, dans sa peine
      En lui-même il bondit,
      Se frappe et se maudit.

Il sait se maîtriser, dompter sa jalousie,
Du moins dans sa poitrine il la presse à deux mains,
Il souffre sans crier ses crampons inhumains,
Il affecte un air calme, alors qu'en frénésie
      Ses dix doigts de sa peau
      Font un sanglant lambeau.

Elles ne savent pas, les femmes de notre âge,
Ce qu'un amour réel, saturé de froideurs,
Pourrait, oserait faire en ses folles ardeurs,
Et tout ce qu'il endure en muselant sa rage
      D'un caveçon de fer :
      C'est là tout un enfer.

AUX MANES

DE

MARIE-THÉRÈSE D***

———

Belle comme le lys, parure de nos champs,
Aussi pure que lui, l'ouragan sur sa tête
Passa. Son front fléchit sous les coups des méchants,
    Tout cède à leur tempête.

Pauvre enfant, cœur candide, elle voulait savoir
Quels étaient ses méfaits pour un si grand supplice!
Elle ignorait que seul son crime était d'avoir
    La vertu pour complice.

A NELLY

———

27 septembre 1837.

Aux Laïs, aux Phrinés des perles, des bijoux,
L'étoile du berger à l'amant qui soupire,
Pour éclore à mes fleurs les baisers de Zéphire,
Des bois au rossignol le calme vague et doux,
A mon ame poète un sourire de femme
    Pour sentir la céleste flamme.

C'est qu'il me faut à moi pour muse une beauté.
Depuis que l'autre est morte, aux cieux s'est envolée,
D'un long crêpe de deuil ma lyre s'est voilée ;
Du véritable amour son rhythme est mal noté :
Je ne saurais puiser l'inspiration sainte
     D'une courtisane à l'étreinte.

C'est qu'il me faut à moi pour souffle créateur
Une femme rêvée, une femme modèle,
Une fille du ciel, ange ou sylphide belle.
Dans sa voix, son regard, son tout fascinateur
J'apprendrais l'art des chants d'Horace, de Tibulle
     Et du voluptueux Catulle.

C'était toi, toi Nelly, que je croyais devoir
Aux fibres de mon cœur faire vibrer encore
La muse d'autrefois, que vainement j'implore.
Lorsque je te voyais, je croyais la revoir :
Je me disais d'en haut la voilà descendue,
     A mes larmes Dïeu l'a rendue.

Je me disais : C'est elle avec son œil de feu,
Le sourire agaçant de ses lèvres humides,
Convoitant un baiser, ardentes mais timides.
C'est elle au front si blanc que ceint un noir cheveu,
C'est elle avec sa voix, syrène harmonieuse,
     C'est elle la folle et rieuse.

Je t'ai dit bien des fois, oh! comme je l'aimais!
Comme j'étais heureux! combien de fois sa lèvre

De ma lèvre en délire avait calmé la fièvre!
Oh! comme dans ses bras d'amour je m'abîmais,
Comme tout était pur, tout était poésie,
    Abandon, même jalousie.

Vous deux ne faites qu'une. Aussi de son passé,
Voici déjà longtemps, mon ame ivre, ravie
Se rappelle et voudrait recommencer la vie
Et voudrait remonter de son luth délaissé
Les cordes, que peut-être en mes veilles ardues
    Je négligeai trop détendues.

Je crus, j'avais besoin, qui n'eût cru comme moi?
Pour de l'amour je pris tes douces causeries,
Tes pudiques secrets et tes folâtreries.
Altéré de bonheur, pardon, je crus en toi.
Devant moi l'avenir se rouvrait plein de charmes,
    Doit-il se fermer par des larmes?

Je crus que tu m'aimais. Un soir, tu t'en souviens,
Après trois nuits de bal, l'air était lourd et sombre,
Tous deux nous promenions sans qu'on pût voir notre ombre,
Ta taille dans mes bras, tes cheveux et les miens
Confondus; nos soupirs, hâtifs de jouissance,
    Du soir troublaient seuls le silence.

Oh! moi je m'en souviens, ma bouche sur ton cou
Je sentis le frisson, précurseur du bien-être,
Suivre, parfum liquide, arroser tout mon être.
Je te pressai plus fort, ton corps céda plus mou,

Tu poussas un soupir, entr'ouvris la paupière
Et penchas la tête en arrière.

La colombe gémit sous le bec du vautour :
Comment me résister? Ta gorge hâletante
Était là délacée à ma main tremblottante.
Et vierge tu restas... Vertu vainquit amour.
Ma bouche sur ta bouche, adieu ton innocence !
Je la tenais en ma puissance.

Comment fis-je, bon Dieu? depuis me suis-je dit.
Maître, maître de toi, de toi, fille adorée,
Qu'en rêve de baisers j'ai cent fois dévorée!...
J'étais magnétisé par un démon maudit.
T'avoir là dans mes bras, toucher, palper ta gorge!
Attiser le feu de la forge!...

Oh! moi je ne suis pas un larron de faveurs;
Si je bois des baisers à la coupe enflammante,
Je veux que la beauté s'abandonne en amante,
Que sa bouche à ma bouche imprime ses saveurs,
Que ses bras à mon corps d'eux-mêmes s'entrelacent
Et que nos deux ames s'embrassent.

Oui! je t'ai respectée et n'en ai nul regret.
Non, tu ne m'aimes pas. Quelque cause inconnue,
Non l'amour, te rendait dans mes bras abattue.
Si tu m'avais aimé, j'aurais lu ce secret,
Ton cœur aurait bondi, sous mon souffle tes veines
De désirs auraient été pleines.

J'aurais pu cependant, écoutant mes désirs...
Mais après? Le remords! Oui, lui, quoi qu'on en dise.
Moi j'estime viol quand la femme est surprise.
Plutôt que ce remords, jamais de ces plaisirs!
Ah! jouir de ton corps, de ton corps sans ton ame,
      C'est de la brute, c'est infâme.

Plutôt que de t'avoir à ce prix, ô Nelly,
Mieux ne t'avoir jamais. Pourtant je te désire,
Je te bois du regard, partout je te respire,
Je ne rêve que toi, de toi je suis rempli.
Mais tu ne le crois pas... Pauvre insensé, que fais-je?
      J'enfouis le feu sous la neige.

Adieu l'amour, mes sens redeviendront blasés.
Adieu la poésie, aimable enchanteresse,
Qui me rajeunissait de sa molle caresse.
Les ressorts du passé pour moi sont-ils usés?
Nelly, tu ne m'as pas compris et je t'excuse :
      C'est mon destin seul que j'accuse.

A DIEU

———

1852.

Toi, le créateur du monde,
Qu'on ne peut trop révérer,
Permets-moi de t'adorer.
Le vermisseau vil, immonde
Ne saurait de tes bienfaits
Trop estimer l'importance,
Pardonne-moi, je le sais;
Comme je puis je t'encense.
     Reçois-les
D'un cœur contrit ces hommages,
Acceptes-en pour sûrs gages
     Ses regrets.

Si veut ta grâce éternelle
Sur moi chétif refluer,
Je ne puis trop me louer
De ta bonté paternelle.
Tu m'as jeté pauvre et nu
Sur ce globe de misère,
Faible tu m'as soutenu;
J'ai bu dans la coupe amère
    Du besoin,
Alors ton bras de mon ame
Blasphémant, sujette au blâme,
    A pris soin.

Tu m'as remis dans la voie
Où tout est beau, tout est bien,
Où le juste ne craint rien,
Où ton nom, Seigneur, envoie
Le calme pour notre cœur
Lorsque l'on nous persécute,
Et le décore vainqueur
Des passions dans la lutte.
    Béni sois!
De mes erreurs sous l'orage
Tu m'as sauvé du naufrage
    Maintes fois.

Par suite d'intempérance
Malade je t'ai crié;
Vainement je t'ai prié
De suspendre ma souffrance :

Tu fus sourd pour me punir
D'avoir prodigué ma vie,
D'avoir osé m'abrutir
Des faux plaisirs dans l'orgie.
  Tu fus sourd,
Laissas répandre mes larmes,
Le mal aiguisant ses armes
  Fut plus lourd.

Mais enfin ta pitié grande
Descendit jusques à moi;
Tu vis mon être en émoi,
De mes pleurs reçus l'offrande,
Tu redonnas à mon corps
Perclus de libertinage
Les harmonieux accords
Qui sonnent dans le jeune âge.
  Ta pitié
Chassa loin la maladie
Du corps brisant engourdie
  La moitié.

Que grâces te soient rendues!
Mon sauveur, par ta bonté,
L'espérance et la santé,
Qu'à jamais je crus perdues,
Viennent encor me flatter.
Merci, Seigneur, tu m'enivres
D'un espoir qu'on peut compter
Comme le meilleur des vivres.

Du tombeau
Tu fermes pour moi les portes,
Tu me promets, tu m'apportes
Un jour beau.

Je veux dans ma gratitude
Ne m'attacher qu'à ton nom,
Et te demandant pardon
Pour la mauvaise habitude
Qui dans le vice me mit,
Je veux une autre conduite
Que celle qui me remit
Loin de toi l'ame séduite.
Oui! je veux,
Humble sous ta face bonne,
Que doux accueil elle donne
A mes vœux.

A NICOLAS

—

9 janvier 1854.

Si Londres et Paris, armés de protocoles,
Ont voulu t'arrêter dans tes dépenses folles,
C'est la peur, as-tu dit, qui les fait pourparler,
Qui les tient muselés à l'aspect de ma hache
Prête à fondre sur eux. L'ombre de mon panache
Seule les fait trembler.

A moi vous tous, Baschkirs et Kalmouks et Tartares,
Fiers enfants du désert, hurrah sur vos fanfares!
Formez vos escadrons, sonnez, sonnez du cor.
La Pologne n'est plus en dépit de la France,
En dépit d'Albion, et leur prépondérance
      Sera muette encor.

Vous mes nombreux vaisseaux, replongez-vous dans l'onde,
Au bruit de vos canons faites trembler le monde.
Je veux que la Turquie abaisse son croissant,
Qu'elle rampe à mes pieds, qu'elle soit ma vassale,
Que de mon Pétersbourg soit une succursale
      Son empire puissant.

Je veux, ce n'est pas tout : la Turquie enchaînée,
Mes aigles serreront l'Europe consternée,
Et tous ses roitelets devant leur suzerain
Humilieront leurs fronts courbés dans la poussière,
Et n'oseront bouger dessous la muselière
      Qu'ils recevront pour frein.

Je veux. Il est bien temps que la terre en délire
Se repente à la fin et ne puisse plus dire
Qu'elle n'a plus de serfs, qu'elle a la liberté,
Liberté, ce vieux rêve, effrayant régicide
Que Brutus inventa dans sa rage homicide
      Contre la royauté.

Je veux. Frappez, vassaux, l'Iman et le Derviche;
Frappez, point ne craignez la Prusse ni l'Autriche;

Leur tête de Méduse : elles ont peur de moi.
Frappez, que craignez-vous? La France et l'Angleterre?
Tremblant elles ont peur de votre cimeterre,
      Qui les glace d'effroi.

Ah! nous avons donc peur, téméraire Autocrate!
Si nous avons laissé mitrailler le Sarmate,
C'est qu'alors notre roi, pusillanime nain,
Redoutant que son trône assuré mal encore
Ne croûlât sous le vent du drapeau tricolore,
      Tremblottait comme un daim.

Mais au jour d'aujourd'hui celui qui nous commande,
huit millions de voix lui firent une offrande
Pour que de Bonaparte et de la France aussi
Il achevât l'histoire, alors interrompue
De viandes et de sang par la horde repue
      Du cosaque transi.

C'est qu'il n'aura pas peur, nos cœurs sont des murailles,
Tu peux tirer dessus tes obus, tes mitrailles,
Elles résisteront, répondront à tes feux.
Comme autrefois son oncle avait pour lui les masses
Notre amour l'environne, il brave tes menaces.
      Avance si tu veux.

A MES DÉTRACTEURS

Juin 1854.

Il est fou, dites-vous, il a perdu la tête
Pour faire travailler ces masses d'ouvriers ;
On ne le voit rêver que pioche, que brouette ;
Il emploie à grands frais maçons et serruriers,
Défriche, fait planter et jusqu'au sang se fouette,
  Martelant son cerveau
  Pour créer du nouveau.

Il est fou, dites-vous ; d'une Californie
Sans doute il a trouvé les riches gisements
Pour se bâtir ainsi tonnelle, orangerie,
Conduire de si loin ces grands arrosements
Au sein de ses vergers, ses bosquets, sa prairie ;
   Il lui faudra de l'or
   Toujours et plus encor.

Il est fou, dites-vous. Hélas! qu'il est à plaindre!
Il n'a pas calculé ce qu'il peut dépenser.
Pour ses constructions vraiment il est à craindre
Qu'il ne puisse finir ce qu'il peut commencer ;
Au repos on devrait par pitié le contraindre :
   Il sera ruiné,
   A la faim condamné.

  Merci de votre complaisance!
  Vous êtes bons, en vérité ;
  Qu'un jour le ciel vous récompense
  Pour moi de votre charité.
  Que voulez-vous? Si je dépense
   A mon goût ce métal,
   Où donc est le grand mal?

  L'argent est rond, c'est pour qu'il roule ;
  Pour s'en servir il fut créé ;
  Comme un ruisseau limpide il coule,
  A le voir l'œil est recréé ;
  Mais il n'est rien si de la foule
   Il n'adoucit le sort.
   Qu'en faire une fois mort?

Pendant plus de vingt ans ma tâche
Par mon travail fut d'amasser ;
Nuit et jour je fus à l'attache :
Je puis bien un peu dépenser,
Maintenant que je me détache
 De l'âge où les plaisirs
 M'offraient tant de désirs.

Je veux m'en passer à ma guise
De ce peu d'or que j'ai gagné.
Qu'on fronde, de moi qu'on médise,
Tout par moi sera dédaigné.
De vivre ainsi c'est ma devise :
 C'est me ravitailler
 Que faire travailler.

 Quand je donne à ma porte
 Au mendiant un sou,
 Ce seul sou me rapporte
 Non pas l'or du Pérou,
  Eh ! que m'importe !
  Mais le bonheur
De soulager le malheur.

 Vous appelez un Louvre
 Mon habitation ;
 Le calme s'y découvre,
 Là la tentation
  Jamais ne s'ouvre ;
  Mon cœur serein
De Dieu seul est plein.

Je le bénis sans cesse
De m'avoir secouru ;
C'est lui de ma richesse
Qui pauvre m'a pourvu.
 Mon allégresse
 Toujours aussi
Humble lui criera merci.

Pour l'honorer je pense
A quels moyens je dois
Utiliser l'aisance
Qu'il versa sous mes doigts.
 Je la dépense
 Comme je puis,
Et son exemple je suis.

Accusez de folie
Pour bâtir mes penchants ;
Si ma prison jolie
Au milieu de mes champs
 Me multiplie
 L'art de jouir,
D'heur je dois m'épanouir.

Pistole sur quadruple,
Empilez, entassez,
Que votre or se décuple ;
Vous en aurez assez :
 La mort centuple
 Tous les trésors
Quand on est aux sombres bords.

A MES AMIS

———

Juillet 1854.

Loin du bruit, du tracas du monde,
Ma Parque file de beaux jours ;
De la vie embarqué sur l'onde
En chantant j'en descends le cours.
　　Du ciel la Providence,
　　Il me faut l'en bénir,
　　Me donne en abondance
　　Pour voir à l'avenir.

J'ai fait marcher la demi-aune
Actif pendant plus de vingt ans;
Tulle, foulard, laine, cretonne
Tenaient presque tous mes instants.
    Quelquefois Cythérée
    Versait son doux poison
    A ma lèvre altérée.
    Besoin était raison.

De mes ascendants la richesse
Ne pouvait me faire briller;
Il fallut donc dans ma jeunesse
Pour vivre peiner, travailler.
    Au sortir de l'enfance,
    Où j'avais abusé
    Même de la science,
    Déjà j'étais usé.

Bordeaux, Aï, fille jolie,
Billard, bamboche, carte, bal
De la sombre mélancolie
Relançaient bien loin mon moral.
    Piron, Panard, Ovide
    Mes désirs contentaient;
    Mon cœur n'était pas vide
    Si mes poches l'étaient.

Les rêves de la politique
Troublaient parfois mes jours, mes nuits;
Le cauchemar patriotique

Apre me donnait des ennuis.
   Mais l'amitié joyeuse
   De vin m'étourdissait,
   Mais la beauté rieuse
   A l'oubli me poussait.

De ces erreurs, pourtant bien douces,
Enfin il fallut revenir;
Du malheur craignant les secousses
Assez tôt je sus en finir.
   Je me mis à l'étude
   D'auner du camelot;
   Grâce à mon aptitude
   Je pus grossir mon lot.

Adieu, la ville! la campagne
Me prodiguera ses attraits;
Plus de trouble qui m'accompagne,
Si le ciel remplit mes souhaits.
   Mes vergers, mes parterres,
   Et les muses aussi
   A mon cœur toujours cheres,
   Chasseront le souci.

L'amour, plus d'un de vous murmure :
L'as-tu pour toujours oublié?
Ton cœur déjà sous la froidure
A tout jamais a-t-il plié?
   Mes amis l'existence
   Peut briller sans ce dieu;

Je crains son inconstance,
Vieux je lui dis adieu.

Sans l'amour, je crois, je puis vivre;
Assez longtemps il m'a séduit.
Jeunesse si son philtre enivre
Vieillesse à la tombe il conduit.
    Lui de mes rhumatismes
    Fut peut-être l'auteur;
    Il vaut mieux de ses prismes
    Fuir le suc tentateur.

    Mais l'hyménée,
    Me dites-vous?
    Ta destinée
    Brave ses coups.
Il pourrait bien, ce petit traître,
    Se venger de toi;
Nous le verrons un jour peut-être
    T'imposer sa loi.

    Point je ne jure,
    Mais je promets
    Que sa blessure
    Me fera paix.
De ce sexe aimable et perfide
    Je connais les tours;
Je crains, la crainte est mon égide,
    Contre ses atours.

Lorsqu'à mon âge
Au joug d'hymen
L'homme s'engage,
Gare à Vulcain.
Je crois rarement qu'un tel couple
Prospère ici-bas;
Il faut que le mari soit souple :
Je ne le suis pas.

Mais, amis, trève
A ce propos,
Que fille d'Eve
Soit en repos.
Que la gaieté de notre table
Fasse épanouir
Nos fronts; que l'amitié traitable
Nous fasse jouir.

Flore, Pomone
Et toi Bacchus,
Votre couronne
Et rien de plus.
Je bois du bon, je sers les muses,
Mes rêves sont d'or;
Sexe enchanteur, plus ne m'amuses,
Que faut-il encor?

Dans ma retraite
Heur est promis,

Qu'il vous y traite,
Venez, amis.
Du passé par les souvenances
Croîtront nos plaisirs,
Et nous feront nos confidences
Dorés nos loisirs.

BERTHE

3 octobre 1854.

Le jeune faon, qu'elle allaitait heureuse,
Qu'elle voyait sur le gazon bondir,
Qu'elle croyait près d'elle voir grandir
Et que déjà sa tendresse peureuse
    Espérait au plomb du chasseur
    Dérober, est du loup victime.
    Des bois dans la sombre épaisseur
    Elle pleure, elle fuit, tout l'opprime,
    Partout autour d'elle des loups
    Elle sent les voraces coups.

La biche pleure,
Toujours gémit,
Car à toute heure
Son sang frémit.
Ah! pauvre mère,
Que je te plains!
De peine amère
Tes jours sont pleins.

Elle n'a pas comme nous l'espérance,
Fille céleste elle adoucit nos maux.
Oui! nous serions pareils aux animaux
Sans ce divin calmant à la souffrance.
    C'est toi, Seigneur, qui nous frappant
    Au sein de nos mondaines joies,
    De douleurs nous enveloppant
    Nous fait pleurer, mais nous envoies
    Enfin le consolant espoir
    Sur ton trône un jour de te voir.

    Tu nous châties
    Pour des méfaits,
    Que mal loties
    Nos voix t'ont faits,
    Pour quelque chose
    Atôme à nous
    Mais vile chose
    A ton courroux.

De cette enfant, ma Berthe,

Que je pensais un jour
De ses soins, son amour
A ma vieillesse inerte
Donner un doux appui,
Ainsi que la rosée
L'ame s'est épuisée,
Sous ton soleil a fui.

Tu n'es plus, ô ma nièce!...
Mes rêves d'avenir
Je les vois donc finir!
Ton souris, ta caresse
Et tes jeux enfantins
Ne sont qu'un affreux songe,
Dont le réveil me ronge
De tourments trop certains.

Tu n'es plus et mes larmes,
Que ton nom fait couler,
Pour mieux me consoler
Sont bonnes, ont des charmes;
Je pleure, mais mon cœur
En pleurant se soulage
De ce pesant orage,
Qui l'oppresse vainqueur.

Si je pleure, pardonne!
Non, ce n'est pas sur toi,
Mais, malheureux, sur moi.
Si le ciel m'abandonne,

Que ferai-je ici-bas?
Me roulant dans la cendre
Je ne pourrai descendre
Repentant au trépas.

C'est ta mort qui m'éclaire :
Il faut un jour mourir.
Ou jouir ou souffrir
Vivant sur cette terre
Pour un jour, pour des ans
C'est une chose égale,
Sa goule nous avale
Tous, faibles ou puissants.

Soit tard, soit tôt la fosse
Pour tous est toujours là ;
De tout temps nivela
Sa faux celui qui hausse
Son front audacieux
Et le petit qui rampe.
Nul quel que soit sa trempe
Ne fuit l'arrêt des cieux.

Pour moi prie à toute heure
Si tu m'aimes encor
Comme avant ton essor
Pour la sainte demeure.
Qu'un ange j'ai besoin
Pour moi faible intervienne,

Car de ma foi chrétienne
L'erreur n'est pas bien loin.

Oui, pour moi prie, implore
Que Dieu sur mon esprit
Verse un peu de répit.
L'ardeur qui me dévore
Pour les biens passagers
Qu'on cherche dans ce monde,
S'en ira comme l'onde :
Plus d'appas mensongers.

Près du Seigneur, où tu planes sans doute,
Tu n'avais pas encore des noirs faits
Pu remuer et la fange et le faix
Pour obstruer cette si courte route
Que franchit ton rapide vol,
Que pour moi, pécheur, ta prière
Me couvrant jusque sur ce sol,
Où je rampe dans la poussière,
Puisse améliorer mon sort
Lorsque sur moi fondra la mort.

Une ame pure
Plaît au Très-Haut,
Elle procure
Tout ce qu'il faut
Pour être en grâce,
L'oubli du mal;
Elle ressasse
Notre moral.

Et vous, mon Dieu, qui nous l'avez ravie
Pour nous punir peut-être... je ne sais,
Pardonnez-nous nos fautes, nos excès,
Tremblants sous vous nous marchons dans la vie
    L'œil couvert d'un épais bandeau.
    Chétifs, aveugles que nous sommes
    Nous courbons sous un lourd fardeau,
    Nos épaules grêles fantômes
    Ne peuvent résister au vent
    De votre grand souffle énervant.

        Vous l'aviez mise
        Sous nos regards,
        L'avez reprise.
        Nos yeux hagards
        En vain la cherchent,
        Elle est au ciel.
        Nos sens se perchent
        Sur un de fiel.

BIBLIOTHÈQUE IMPÉRIALE

LA PETITE SAINT-MARTIN

1829

www.ingramcontent.com/pod-product-compliance
Lightning Source LLC
Chambersburg PA
CBHW071952090426
42740CB00011B/1913

9 7 8 2 0 1 3 2 7 9 1 2 3